THE SAGES

站在最高点

互联网+金融思维已经改变世界
你也不可以置身事外

◎华尔街学不到的金融智慧和投资策略◎

中国商业出版社

图书在版编目（CIP）数据

站在最高点：华尔街学不到的金融智慧和投资策略 / 范文议著. ——北京：中国商业出版社，2017.6

ISBN 978-7-5044-9862-5

Ⅰ.①站… Ⅱ.①范… Ⅲ.①企业管理-资本运作-通俗读物 Ⅳ.①F279.23-49

中国版本图书馆CIP数据核字（2017）第100350号

责任编辑　孙启泰

中国商业出版社出版发行

（100053 北京广安门内报国寺1号）

010-63180647　　www.c-cbook.com

新华书店总店北京发行所经销

大厂回族自治县德诚印务有限公司印刷

*

710×1000 毫米　　1/16 开本　　18.5 印张　　220 千字

2017年6月第1版　　2017年6月第1次印刷

定价：98.00 元

*　　*　　*　　*　　*　　*

（如有印装质量问题可更换）

序

有一个故事跟丘吉尔和过高的期望有关,可能是捏造的,也可能不是。

20世纪30年代,丘吉尔因为权力和财务困窘的关系,在剑桥大学教授人类社会学课程。有一天下午,他站在讲台上,因为出于喜欢戏剧性,他问了同学们一个问题:"人体有哪个器官受到外在刺激时,会膨胀到正常尺寸的12倍?"

班上同学大吃一惊,丘吉尔显然喜欢这种情形,指着第十排的一位年轻女生问:"答案是什么?"

这位女生脸上一片羞红,回答说:"呃!显然是男性性器官。"

"错!"丘吉尔说,"谁知道正确答案?"

另一位女生举起手来:"正确答案是人眼的瞳孔,瞳孔在黑暗中,会放大到正常尺寸的12倍。"

"当然!"丘吉尔大声说道,回过头来对刚才那位女生说:"年轻的小姐,我有三件事要跟你说。第一,你没有做作业;第二,你的思想不纯;第三,你将因期望过高而大失所望。"

同样地,美国股票投资人也注定会过着期望过高的日子。

调查显示,他们仍然期望未来十年里,从股市赚到15%的预期年度报酬率。可是经过通货膨胀调整后,可能赚到大约12%到13%的实质报酬率。

1985年史文森接位成为耶鲁大学的"投资长"后,耶鲁大学校产每年复合成长率为16.1%,创造出超过任何大学或学院校产基金的最佳纪录。哈佛大学的复合成长率为14.9%,紧跟在后排名第二。耶鲁的纪录使耶鲁大学晋升为所有大型机构投资人当中最优秀的前1%。耶鲁的移动平均长期目标支出比率从4.5%提高到5%。校产基金现在提供给耶鲁大学运营预算的30%,远高于1993年会计年度的14%。

可以说,强有力的投资计划让耶鲁受惠,规模大很多的校产和投资比率的合理提高,也让耶鲁得到好处。

校产投资绩效对大学的运势,甚至继续生存都很重要,一流的私立大学很难光靠学费作为财源,也不可能无限制地依靠校友捐献来弥补经费的不足。史文森上任之前,耶鲁是校产管理的负面个案研究教材,后来却成为哈佛商学院研究极为成功、不落俗套投资组合管理的实际个案(2003年6月"耶鲁大学投资办公室个案研究"《Yale University Investment Office》)。

哈佛大学校产目前大约价值226亿美元,过去二十年的管理也极为优异。到2004年6月30日为止,每年成长21.1%。

哈佛大学很少投资国内股票,却大量投资不动产、外国股票、绝对报酬率方案与林地(包括价值6亿美元的新西兰森林)。哈佛管理公司(Harvard Management)自行管理一大笔绝对报酬率方案投资资金,为了留住优秀的投资专家,提供丰富又有竞争力的分红待遇计划,这种模式造成一些人领取相当庞大的薪资(大约3500万美元),以至于一些极为愚蠢的校友十分不满。因此,哈佛管理公司就此分裂,首席策略师梅尔(Jack Meyer)和大多数投资明星离开并自创避险基金。相对来说,耶鲁就幸运多了。

  我们以往都认为大学就是让学生好好学习的殿堂，大学的经费来源是靠学生所交的学费及校友慷慨的捐献来维持，事实上，以耶鲁及哈佛校产基金的运营来看，要经营一家颇具规模的学校，是把学校当作企业来经营，甚至于也介入到资本经营的领域，以耶鲁校产经历的苦难和创造的成就清楚地显示，要建立能够适应好几代的投资机构实在困难之极。

  耶鲁如此，哈佛如此，企业也是如此。

  资本经营说什么？好像远远超过我能思考的范围了。因此，也只能以个人所认知浅薄的知识与大家分享。

范文议
2017.3.8

目 录

第一章　资本经营说什么

1. 什么是资本经营　/ 2
2. 给资本经营说个故事　/ 7
3. 为什么市盈率有高有低呢　/ 9
4. 史上最早的VC——伊莎贝拉　/ 10

第二章　企业经营的发展战略

1. 企业经营的发展战略　/ 12
2. 产品经营与资本经营的区别　/ 15
3. 董事长跟CEO的差别在哪里　/ 17
4. 企业经营的共通核心是什么　/ 24

第三章　生意头脑的核心秘诀

1. 生意头脑的核心秘诀　/ 28

2. 企业赚钱的四大要素　　／32

3. 现金流量　人人有责　　／34

4. 资产报酬率　　／36

5. 持续不断地获利成长　　／41

6. 真正有意义的成长　　／43

7. 满意的顾客　　／45

8. 美国大企业的诞生故事　　／49

9. 不景气时，大家都很危险　　／52

10. 企业的未来——更有效率，更需要员工的能力　　／53

11. 企业经营高层扮演的角色　　／55

12. 基业长青的企业价值　　／56

13. 美国大企业喜欢用军人　　／57

第四章　企业的资本架构

1. 企业的资本架构　　／60

2. 风险与报酬　　／63

3. 债券到底是什么　　／67

4. 杠杆收购　　／70

5. 私募股权基金　　／71

6. 联合贷款　　／72

第五章　投资银行秘诀与创投说什么

1. 推动经济发展的五大行业　　／76

目录

2. 投资银行在干吗　/ 80
3. 房贷泡沫，越吹越大　/ 83
4. 金融海啸爆发　/ 85
5. 投资银行的运作模式　/ 87
6. 投资银行　/ 88
7. 投资银行的工作不是人干的　/ 90
8. 师父引进门，候选靠个人　/ 93
9. 创投与创业　/ 94
10. 现代第一个创投公司　/ 96
11. 创投的两个核心元素　/ 97
12. 激励创投的力量　/ 98
13. 网络泡沫，创投重创　/ 100
14. 创投运作需要的三大要素　/ 102
15. 创投的难处　/ 103
16. 创投的有效运作模式　/ 105
17. 创投的名称　/ 108
18. 创投的投资策略　/ 109
19. 创投公司的组成　/ 112
20. 创投成功的条件是什么　/ 114
21. 创投的财富靠长期投资与培养　/ 116
22. 创业天堂——以色列　/ 117
23. 为什么以色列能做到　/ 120
24. 创投不只是给钱，也是顾问指导　/ 127

第六章　美国投资银行承销实务

1. 美国承销商承销方式　　/ 132
2. 美国承销商价格稳定策略　/ 135
3. 投资价值与估值　　/ 137

第七章　私募股权公司说什么

1. "杠杆融资"说什么　　/ 142
2. 三大私募基金　　/ 144
3. 2008年金融大风暴的影响　　/ 145
4. 私募股权的趋势　　/ 147
5. 私募股权公司的工作　　/ 149
6. 私募公司的收费公式　　/ 151
7. 私募基金和创投基金的不同之处　　/ 153
8. 私募基金成功的条件　　/ 155
9. 私募基金的门怎么进　　/ 157

第八章　对冲基金说什么

1. 对冲基金说什么　　/ 160
2. 索罗斯和英国央行的对决　　/ 162
3. 对冲基金的种类　　/ 163
4. 对冲基金做什么　　/ 166
5. 对冲基金的收费　　/ 167

6. 组合基金——基金中的基金　　 / 168

7. 买多卖空的实际案例　 / 170

第九章　本益比说什么

1. 本益比说什么　　 / 180

2. 本益比是怎么来的　　 / 183

3. 本益比管理说什么　　 / 185

第十章　管理顾问公司说什么

1. 管理顾问公司说什么　　 / 190

2. 管理顾问公司的种类　　 / 192

3. 新兴市场——管理顾问公司的目标　　 / 193

4. 管理顾问公司做什么　　 / 194

5. 顾问公司如何处理案件　　 / 195

6. 出书、写书的目的是什么　　 / 197

7. 顾问业成功的条件有哪些　　 / 199

8. 升职，不然就离开　　 / 200

9. 管理顾问公司内部的工作情况　　 / 202

10. 升迁取决于贡献大小　　 / 204

第十一章　非洲的商机

1. 非洲的商机　　 / 208

2. 企业家精神在非洲　　/ 212

3. 非洲崛起　　/ 213

4. 金融与资本的助力　　/ 214

5. 金融、银行与手机　　/ 216

6. 非洲确实遍地是商机　　/ 219

第十二章　贪婪的美国金融市场

1. 贪婪的美国金融市场　　/ 222

2. 房利美的诞生　　/ 224

3. 贪婪的后果　　/ 231

4. 潮水退去，裸游者现身　　/ 233

5. 贪婪的宿命　　/ 234

第十三章　美国上市与澳洲上市的比较

1. 澳洲上市　　236

2. 美国上市　　238

3. 美国上市的方式　　240

第十四章　企业典范案例

1. 金博集团的传奇　　/ 245

2. 白吃网——大师的作品　　/ 250

3. 大健康产业的实践者——海乐康　　/ 253

4. 湿毛巾鼻祖——文学和实业的结晶　　/ 258

5. 讯众集团构建明日之城——NAGA CITY / 261

6. 无锁孔智能防盗门的先驱——中科联房-家联网 / 265

7. 温暖美味香天下·人间极品牛大少 / 269

8. 谁制造了下一个风口？中酒红客 / 273

9. 陕西远望达——大西北创投孵化的先行者 / 276

后记 / 278

THE SAGES

第一章

资本经营说什么

一流企业家做资本经营，二流企业家做企业经营，三流企业家做产品经营。

1 什么是资本经营

我在EMBA的课堂上,经常会提到三句话:

一流企业家做"资本经营";

二流企业家做"企业经营";

三流企业家做"产品经营"。

资本到底说的是什么?

一、资本有两个说法

1. 财务观念的资本

企业家基本上必须看懂财务报表,财务报表内会出现"资本"科目,这个资本,指的是企业的"资本金",意思就是股东投入企业的资金,也可以说是企业的"实收资本"。

2. 市场经济学的资本

有广义与狭义两种说法:

广义的说法:指的是指一切能为企业带来增值效应的元素,包括:自然资源、天然环境、钱、专业知识等。狭义的说法:指的是企业所拥有的"增值手段和工具",包括:资金、机器设备、厂房、品牌价值、市场渠道价值、客户端价值及其他无形的资产等。

将上述所有的元素投入到生产，于是就变成了"资本"。

在市场经济的博弈中，唯"资本"是赢家，谁拥有"资本"，谁就有"话语权"，谁就有"定价权"。

资本的需求：

上个世纪八0年代以前，一家稍具规模的企业是需要经过几十年经营效益的积累。

80年代以后，需要十年、八年的积累，到了现在，经过三年、五年就形成让众人刮目相看的公司比比皆是。

为什么？

这就是资本的神奇。

二、资本有几个需求

1. 增值保值的需求

投资者为什么投资你？答案当然是为了赚钱。退而求其次，即使不赚钱也要保本。中国人最常说的一句话："砍头的生意有人做，赔钱的生意没人做"。

所以，企业家需要别人投资你，你必须中气十足的告诉投资者："投资我，一定会让你赚钱！"

当然，光靠嘴巴讲肯定是不行的，必须要有相当诱人的东西——"商业计划书"。不过，我通常在MBA的课堂上，提醒那些对未来充满期待的年轻人，成功有六个字——

敢想、敢说、敢做。

想也不敢想，说也不敢说，做也不敢做，请问，谁投资你？

2. 资本的吸引需求

小资本做小生意，大资本做中等生意，超级大的资本做大生意。

超级大的资本是怎么形成的？

是吸引力的力量！

是产业效益的力量！

是商业模式的力量！

是兼并的力量！

现代一流的企业家懂得"资本经营"的魔力，他们善用兼并、联合、资产重组、扩大生产规模、扩大海内外的产品通路等，实现让投资者（股东）愿意吸引更多投资者的加入。更多的资金就会有更大的规模，更大的规模就会有更大的效益，我们不能忘记的是"投资的目的是取得资本的增值，资本的增值来自于良好的效益"。

三、资本经营到底是说什么

资本经营简单地说，就是——资本和资产的互换。

用资本换资产＝投资。

用资产换资本＝融资。

所以，资本经营指的就是——

投资到融资的循环。

投资和融资实际上是一体的两面，你站在买方的立场看，就是投资；你站在卖方的立场看，就是融资。

以买卖企业为例：

买企业＝投资

卖企业＝融资

你用手里的钱（不管是你自己的钱还是别人的钱）买了某个企业＝你用资本变成了资产，这就叫"投资"。

如果被你买下的企业，经过人力资源的调整、设备的换新、市场的重新规划等一系列的改变，市值涨到了当时你买下的10倍。

请问：你赚到钱了吗？

答案是：没有。

理论上，你是赚到了，但是，实际上呢？企业还在你的手上，市值是涨了上去，但是，企业还得继续经营，还得面对市场的竞争、与同行业的挑战，还有可能会碰到另一波大环境的变迁，例如：国际金融海啸、货币升值、材料上涨、订单价格下跌等，或许又跌回原来的价格或更低。

所以，只有等到你把手中的企业转让给接手者，等你拿到了"现金"的时候，你才能确认是赚还是赔。

也就是说，在你找到对你这家企业有兴趣的投资者，从他那里拿到"现金"的时候，叫做"融资"。

很多中小企业家为什么做得那么辛苦？答案就是，他们只懂得任劳任怨、埋头苦干，赚的只是产品经营的微薄利润。以台湾亚历山大健身会所为例：

台湾亚历山大健身会所，曾经是台湾顶级的会所，出入会所的都是企业的老板或高层人士，可是好景总是不常，当台湾的景气开始下跌、出入会所的高端顾客越来越少的时候，并没有引起亚历山大高层的重视，创办人唐雅君继续勇敢地开新店。

亚历山大健身会所靠着三招继续经营：

1. 以店养店
2. 折价卖卡
3. 到处贷款

投资大师华伦·巴菲特曾说过以下一段话：

"你必须了解会计学，并且要懂得其微妙之处。它是企业与外界交流的语言，一种完美无暇的语言。如果你愿意花时间去学习它，学习如何分析财务报表，你就能够独立地选择投资目标。"

财务报表包括：

1. 损益平衡表

2. 资产负债表

3. 现金流量表

想获得高投资回报。一定要学会看懂财务报表。

经营者不懂数字、不会算账、看不懂损益表，却在掌舵经营。

——最终只有破产倒闭。

唐雅君看不懂损益表，也从来不看损益表，最终的结局就不言而喻了。

所以，企业家如果不想做得那么辛苦，除了学会"投资"，还要学会"融资"，要学会从"投资"到"融资"各个环节的专业知识。

2

给资本经营说个故事

1553年,有250个英国商人,每人出资25英镑,他们集资买了三艘船,其中一艘船的名字叫做莫斯科威尔,加上另外两艘船浩浩荡荡地向北航行。

这三艘船是由250个英国商人集资购买,他们聘请一名船长,带着250个人的梦想与期盼开始向遥远的北方航行,他们的目的地是中国。

于是这名船长就率领船队开始远航北方,但是这三艘船在向北方航行的过程中,在挪威外海遇到了暴风雨,其中有两艘船沉没了,只剩下莫斯科威尔号继续航行。他们最后航行到了北极。一片冰天雪地,遇见了一大群北极熊。北极除了冰之外还有一大片土地,他们终于到了新大陆。于是船长带着船员开始在平地上滑着雪橇,在一望无际的平川陆地往前滑雪,到最后,终于遇到了一位叫"恐怖大王伊凡"的人。

大家经过指手画脚的沟通后,英国人拿出从船上带下来的丝织品、羽毛笔、小玻璃制品、漂亮的围巾等等,都是非常精致的东西,这些精巧的东西让伊凡大王及其随员看得目瞪口呆,于是他们拿出貂皮来交换,貂皮对当地人来说并不值钱,英国人交换的东西在英国也很普遍。而贸易的价值就体现在这里,什么是贸易?就是双方互换对方认为有价值的东西,也就是所谓的比较利益。英国人给伊凡大王想要的东西,而伊凡大王给英国人想要的东西。英国人最终把大量的貂皮运回船上，然后开船回到了英国，把大王伊凡认为不值钱的珍贵的貂皮卖掉后，船长替250个股东赚回了大把的钞票。

英国人给大王伊凡居住的地方取了一个名字，他们用船的名字作为这个城市的名字，就叫做"莫斯科"。也就是说船长带着一大群的船员往北方航行寻找中国，结果中国没找到，却找到了莫斯科。

可以说，自从发现莫斯科之后，"信任"便有了价值。信任谁？谁信任？信任船长。

是250个股东对他的信任。

如果这位船长下次还要出海的话，他肯定可以找到更多的人愿意"出资"，为什么？答案是他可以为投资人赚到钱呀！250个投资人，当初每个人出资25英镑，换回来的报酬是令投资人惊喜的，所以"投资收益"的概念就诞生了，分析投资收益的主要指标是"市盈率"。（市盈率就是本益比，本益比等于每股股价除以每股盈余，本益比越低表示购买股票的成本越低）。

3

为什么市盈率有高有低呢

为什么同样是股票，A的股票每年只能赚1元，而B的股票每年能赚30元？为什么他的市盈率30倍，而你的市盈率只有5倍？差别的关键就是"相信"或"信任"。

只要股民相信你这家公司，你的股票价格就会攀升，股民如果不相信你这家公司，你的股票价格就会下跌，这种资本经营最核心的"信任"，是从1553年开始的。

250个人，每人出资25英镑，投资在船长的身上，这种风险也够大的，因为以当时的电讯科技，没有人知道船长是不是会将船开跑了，也不知道船何时还会回来，这完全是基于"相信"或"信任"，这也是风险投资的必要精神。

4

史上最早的VC——伊莎贝拉

哥伦布,是一名杰出的船长,也是大胆的冒险家,他花了许多年的时间推销他的伟大计划,但是无数欧洲王公贵族没有一个人愿意向他投资。

1492年有一位风险投资家看上哥伦布的探险计划并决定投资给他,也正因为有了这个投资,哥伦布最终发现了新大陆,整个世界因此改变。这位风险投资家就是西班牙女王伊莎贝拉。

1492年4月17日,西班牙女王伊莎贝拉与哥伦布签订了"圣塔菲协议",该协议说明了双方的权责:女王封他为海军元帅,探险的所有收益,哥伦布可以获得10%,并且成为新发现领地的总督,其剩余90%收益将归女王所有,女王则支付哥伦布探险所需要的所有费用。哥伦布有权对所有开往占领地的船支收取20%的税收,哥伦布所有由女王赐封的爵位和权利都可以由后代子孙继承。

于是,哥伦布按照这份协议的规定领着西班牙的船队向西驶向遥远的未来,谁也不知道这个船队未来的命运。经过长达12年前后四次出海航行,哥伦布最后发现了新大陆。

在风险投资的支持下,哥伦布最终成为西班牙的顶级富豪。而风险投资女王也成为欧洲最有权势的女王。在16世纪末,世界金银总产量的83%被西班牙据有,女王的大胆投资也为她换得了巨大的财富。

所以史上最成功的风险投资回报当属西班牙女王伊莎贝拉。

THE SAGES

第二章

企业经营的发展战略

产品经营是决定企业优胜劣汰的关键；
资本经营是决定企业生死存亡的关键。

1
企业经营的发展战略

通常我们把企业经营的战略分为：

一、产品经营

二、资本经营

产品经营：产品经营是靠企业自己的多年努力与积累，慢慢发展壮大起来，时间或许是十年、二十年甚至三十年。

产品经营是决定企业优胜劣汰的关键。

资本经营：利用资产扩张的方式，迅速壮大。

资本经营是决定企业生死存亡的关键。

当企业执行的发展战略是产品经营时，基本上会面临两种风险：外部风险与内部风险。

1. 外部风险

企业所面对的外部环境风险是无法回避的，这种风险是企业本身无法控制的，譬如美国的次贷危机引发金融危机，这种风险你根本躲不掉。

2. 内部风险

企业的内部风险指的是企业内部的财务风险，内部风险是可以由企业自身控制的，当然这还得依靠企业团队"经营管理"的能力，这个能力包括：市场开拓能力、产品营销能力等等。

从管理学的角度来看，企业外部风险的威胁要大于企业内部风险的威胁。因为内部威胁是可以经由管理能力的提升来化解，而外部威胁有时是无法抗拒的。

以产品经营为策略的企业，大多是中小型的企业，其抵抗外部风险的能力相当脆弱。形象一点来说，在大海航行的小船，怎么可能抵御狂风巨浪？所以，只要一股巨浪打过来，被打翻的肯定尽是小船。

而且，中小企业的这艘小船的竞争门槛比较低，一旦你的企业赚钱了，就会有一大堆的人马跟了上来，更何况，今天世界500强的企业都已进到中国这个具有13亿人口的大市场，如果，某个500强的老外看上了你这档生意，他把大脚跨了进来，请问，还有你的活路吗？就算老外看不上你这档小生意，不小心被老乡盯上了，你也够呛了！老乡一旦看你这档生意赚钱了，他们就会一个接着一个来跟你抢，最后，弄得大家都没饭吃。

可怜的中小企业，前有老外，后有老乡，拼质量、拼品牌、拼技术，你拼不过老外；拼成本、拼山寨、拼产量，你拼不过老乡。

拼到最后，你只能如项羽一样，仰天长啸，大呼："是天要亡我，非我所不能耶！"

如果企业执行的策略是"资本经营"，当然也会有风险，不过，资本经营像是大船，大船在大海中航行，其抵抗狂风巨浪的能力也会大大地提高，一个大浪打过来，打翻的都会是小船，无形中，替你除掉了未来的竞争对手，一旦狂风巨浪平静之后，大船就可以扬帆起航了。

而且，资本经营的大船，其竞争门槛也会提高许多，这会让你的竞争对手心存顾忌，不敢随意进来与你抢夺地盘，老乡就会被你挡在门外，老外如果想要进来，他也得斟酌跟你抢夺地盘的代价，最后，他只得跟你合作才会双赢。

所以，可以说：

一流企业家经营资本。

三流企业家经营产品。

产品经营讲的是，企业用资金去购买原料，用固定资产（机器设备）去生产产品，然后，再把产品卖到市场。所以，产品经营就是以产品为中心，进而扩大产量、提高质量、增加品种，最后达到产能及利润最大化、品质最优化。

资本经营不像产品经营，依靠销售产品产生利润，而是使整个企业资产都在为你赚钱。

2
产品经营与资本经营的区别

一、产品经营

1. 产品经营是"封闭的",依靠的是企业自身的资金及设备(固定资产)生产产品,产生利润。

产品经营的流程是——

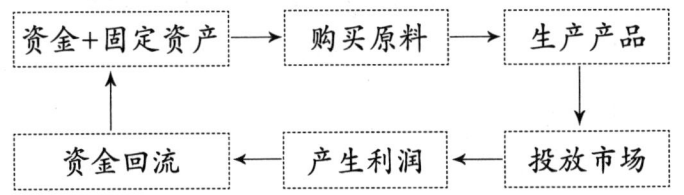

2. 产品经营是固定的增长,只能说是加法的增长,一年有10%的净利润就不错了,属于"初级的经营模式"。因为赚的少,而且很辛苦,所以大家就把"产品经营"归类于三流企业家。

二、资本经营

1. 资本经营是"开放的",它不仅仅依靠企业本身的资本,而且通过对外的联合合作、收购、兼并等形式实现"扩张性经营"。

2. 可以说,资本经营是"全方位的"增长,其年利润或资产的增值是呈倍数的增长,所以,可以说是"乘法增长",属于"高级经营模式"。因为赚得多,而且很轻松,所以才把"资本经营"归类为一流企业家。

但是,我们不可否定"产品经营"的基本性质,"产品经营"是

"资本经营"的基础,如果我们把产品经营搞砸了,企业的生存都成问题了。企业一定是通过产品经营有了相当的积累后,才会形成资本经营的条件。

可以说,从产品经营到资本经营,是企业经营发展的一个飞跃。

产品经营是资本经营的前提和基础

资本经营是产品经营的升华和锐变

因此,企业家不必放下产品经营一味地冲向资本经营,也不要一股脑儿地只管产品经营而忽略了资本经营,因为企业一旦发展到一定的规模,想要获得更大的市场、更大的发展空间,就必须借助资本市场的力量。

资本经营讲的就是"投资者"和"融资者"的博弈。

在资本经营的博弈中,投资者大约分为两类:

1. 金融投资者

金融投资者投资的是企业的未来,这有点像购买刚产下的蛋,然后耐心地把蛋孵化成小鸡,再把小鸡用饲料喂养成大鸡,最后把这些大鸡拉到市场卖个好价钱。

"蛋与大鸡之间的差价"就是他们投资的目的,时间与饲料就是所投入的成本。

2. 证券投资者

有人批评"证券投资者"是投机分子,他们用敏锐的眼光及像鹰一样的速度,发现标的物的价格跌到谷底时俯冲直下,迅速买入,在该标的物的价格攀升到某一个高点时立即出手抛售,决不留恋。而要做到这一点,光凭投机的心理是远远不够的,如果没有专业的素养、多年的经验、冷静的头脑再加上当初的拜师学艺,是赚不到大把大把钞票的。可是,这些人为了追求高利益,当然也要承担相对的高风险,所以,与其说他们是投机者,不如说他们是勇敢的冒险者。**前美国首富保罗·盖帝曾说过:"成功的商人,本质上都流着冒险的血。"**就是因为有这些勇敢的证券投资者,才会引来众多的金融投资者。

3

董事长跟CEO的差别在哪里

管理企业的意思是什么？

管理一家企业就是告诉所有的人——凡事要按照规矩来。

以一家上市企业为例，凡事要按照规矩的意思就是：要遵守国家的各项法规、呈报资料给证监会、与有关的政府单位沟通、按时提交报告给股东。如果在国外有投资的话，在哪个国家做生意就要遵守该国的法律法规、还要懂得保护及管理智慧财产。如果是生产企业，甚至还要监督好劳工的关系，CEO必须参加有股东和政府单位出席的会议，当然对要讨论的议题非常娴熟。

董事会有一个特别重要的任务，就是要负责选出CEO，同时批准公司的策略。

董事会的职责就是必须确保经营层的决策是符合所有股东的利益。

董事会旗下设有委员会，企业大多数的决策都是由委员会来决定的。董事会的决策范围包括：公司治理、财务、策略、薪酬、人力资源，通常在每个领域会有几位独立董事来负责。

董事长的职责是什么？

董事长的职责就是——"确保董事会成员都是充满活力的、活跃的、聪明的、有贡献的、忠诚的、对企业全身心投入的、对企业的发展有帮助的，他们可以引进对企业有助益的最好的办法并实施有效的监督。"

在某些企业，尤其是创办人自己负责经营的企业，董事长也会兼任CEO，当然有些企业的董事长并不担任经营层的角色，这种董事长的职责就是主持董事会议，并给予CEO必要的支持。不过，如果一个人同时兼任董事长和CEO，那么董事会的架构能否有效运作就显得特别重要了，因为唯有董事会的有效运作，企业的发展才不会举步维艰。

CEO的责任是什么？

CEO的责任，除了是领头雁之外，还必须是啦啦队长。

一群大雁能够在天空飞翔几千公里，领头雁的责任事关重要。

CEO的另外一个职责也是最重要的职责就是带领企业往前走。

克里斯·盖文的父亲是罗伯特·盖文，罗伯特·盖文的父亲叫保罗·盖文，他们祖孙三代都担任过摩托罗拉的CEO。

克里斯把"真正的领导力"定义为："带领企业走到另外的地方。"

而且，如果没有你的带领，大家是到不了那个地方的。盖文祖孙三代都认为——**"真正的领导能力是开启和拥抱重大的改变！"**

说得更明确一点，他们认为CEO的领导能力是"能够打造出一个重视职业道德、创造性、创新以及严谨的企业文化。"

他们还定下一个原则："把该企业与其他竞争者的不同之处传递给员工和客户。"也就是说，CEO必须花很多时间凝聚企业内部组织的活力，而且要确定企业的上上下下都知道公司到底是在做什么。

CEO是领头雁，更是啦啦队长。

"天下没有飞不起来的气球。如果有，是因为它从来没有被打气！"

"天下没有教不会的笨蛋。如果有，是因为他们从来没有被鼓励、被表扬、被肯定、被赞美！"

一家企业的成功与否，不只是董事长和CEO的事，因素也是多方面的，如果按照百分比来衡量的话，也是以我从事经营企业40多年的经验之谈，我认为一个规范的企业，30%靠策略，40%靠执行力，其余的30%是靠上苍给的运气了。

策略和执行力可以言传，但运气真的是靠自己的修为了。也就是说一位企业家除了做好自己专业技术以及管理和公司治理的一系列工作，还要有真正的大爱，心存感恩、心存善念，不要像那些只会说漂亮话、不做实事的企业家，这样做对不起别人，也对不起自己的良心。

此时，我想起一则报导，一位很有经济实力的老总，凭借自己有钱，硬是要把一个寺庙买下来，拆除他不需要的东西，再把寺庙搞成养生会馆，寺庙住持坚决反对，这位财大气粗的老总就进行强拆。结果是，这位老总带着他年仅十二岁的儿子在法国包机考察时，飞机失事，结束了两个人的生命。我不知道，这样的惨局跟这位企业家强行拆庙，把僧人赶走，把该寺庙几百年的文物捣毁有没有连带关系。但是有一句话值得企业家们深思——"**德不配位，必有灾殃。**"

事实胜于雄辩。企业的兴衰跟这家企业董事长与CEO的领导能力固然有绝对的关系。不过，领导能力只是表面的事情，里面深层的东西才是至关重要的，我指的是"**企业家的品德**"。

品德像土，德土不够厚实是承载不了企业的重量的。

所以，对于董事长及CEO的寄语是：

福不可享尽

事不可做绝

话不可说满

此三者可以养德，亦可以远祸。

高级经理人的工作——壮大企业

企业为什么要高薪聘请高级经理人？

高级经理人，每天时时刻刻心中要挂念的问题是——如何扩大企业，如何使企业成长。

股东或投资人心中想的是什么？

股东或投资人，他们时时刻刻心中挂念的问题就是——期待企业的营收一年比一年好。

因此，要稳坐董事长、CEO及高级经理人的位置，就要想方设法让企业每年都可以持续性地成长。这是主要的职责，也是唯一的职责。

杰出的企业通过两个渠道可以达到上面这个目标。

第一，内部成长

所谓内部成长，指的是"开发新产品、找到新客户、打进新市场"。

第二，收购其他企业

世界上许许多多可以叫得出名字的企业，它们就是透过收购其他企业来增强自己成长的元素，简单的说就是"买下产品互补的较小企业"。

壮大企业的方式就是寻找并购对象。找到并购对象后，加以分析、寻找财源、然后整合，这些都可能耗掉企业高层经理人很大一部分的心力。有时候，他们的工作很类似"私募股权公司"。不过，两者的投资过程还是有所不同。

专业的私募股权投资公司，不需要思考标的公司是否与自己的公司相辅相成，他们投资时，所思考的是——"退场的策略"。他们必须盘点这笔投资以后，会不会有第三者来买？他们会是谁？或者，这家企业能不能公开上市？

而一般企业，收购的目的就是"为了成长"。所以，就得进行策略思考，也就是——从每一笔买卖中找出财务以外的价值。

我认识的一位朋友，担任一家上市企业的CEO，他收购的对象是——"在技术、客户、组织、地域方面发挥合并综合效果，而不单单只是财务报表上的效果"。他说:"如果你的公司和我们公司一样,有核心使命、价值观、策略,那么,除非你疯了,否则每一笔收购都应该符合以上这些标准。"

当然,许多杰出企业的优秀团队也会把时间花在"核心事业的成长"上。

刚才提到的克里斯·盖文在担任摩托罗拉CEO期间,摩托罗拉主要核心事业的成长是通过投资研发,开发新技术来驱动短期与长期的成长,而这个观念是他祖父及父亲早就灌输到企业里面的。

克里斯·盖文指出:"我们认为对摩托罗拉来说,创新是生存的关键,这也是不管任何时代都必须去做和一做再做的事。唯有拥抱新的观念,愿意忍受多年的屡败屡战,才会有新产业和管理变革发生。举个例子,我父亲全心接受手机这项发明,他相信手机一定会普及,就像我全心拥抱缆线数据机(cable modem)一样。虽然大家一再告诉我们这两样东西既荒谬又行不通,但是,最后都带给我非常好的结果"。

其实企业经营与资本经营是分不开的,企业在经营的过程中,对高级经理层的指示是"不计任何代价都必须成长。"

这个指示是对股东及股价负责任的。

但是,不计任何代价都必须成长的压力,逼的有些企业在会计作业上动手脚——他们在财务报表上虚报成长,但这样做是违法的。

这里有个现成的案例:

1999年到2002年之间,世界通讯公司利用会计上的一些小伎俩,浮报税前收入达170亿美元。做法是降低未来成本预估,将运营支出的科目改列为资本支出(在会计上计算税前收入是不会将资本支出从营收里扣除的),这么一来,他们的财报在华尔街投资人看来就是相当不错。不过,他们的伎俩终究瞒不过华尔街的那些投行,于是被逮个正着。

2002年世界通讯公司宣告破产，CEO及CFO和财务会计的有关人员被以欺诈等罪名入狱服刑。

企业经营表现不好，立马换人

在美国，大型上市公司的高级经理人是非常诱人的职位，他们的年薪高达美金7位数，甚至还有私人飞机等奢华的福利，工作时间也比一般员工更有弹性。不过，他们必须对董事会和股东负责。

可一旦企业的绩效不好，这些企业高层就会面临改组的压力。因此，在这种高压之下这些高级经理人只会注重每季度的获利，根本不可能去顾及企业长期的经营策略，因为只要短期表现不佳，就得卷铺盖走人。

2003年，克里斯·盖文被董事会拿掉CEO一职，当时摩托罗拉刚结束为期三年辛苦的组织重整以及投入大量的研发工作，就在他所主导的企业重整后即将尝到甜美的果实，同时他带领开发的RAZR手机即将推出引爆市场热潮之际，他被董事会撤换掉了。2004年克里斯所主导研发的RAZRV3手机由于外型非常亮眼，被誉为手机业的精品，销售量超过1200万台，该系列手机也让摩托罗拉的业绩长红两年多。

所以，在残酷的企业经营及资本经营的运营中，董事会及股东对CEO及高级经理人的期望是：表现好，留下！表现不好，走人！

一个公司、一家企业，无论是董事长，还是CEO，其实就是一个公司好的守门员。公司从部属到高层主管，每天怎样去完成自己的工作，实际上也都在看顶级领导的领导风范是否做得到位。

比如说，有的领导是非分不清，奖惩不明，用自己喜欢的人，或做好好先生，其实部属的眼睛是最雪亮的。这样的领导固然是忘记了自己身居要职，忘记了自己守门的重要性。当然不是所有的企业家都是这样，但我以往亲眼见过的也为数不少。我就为他们担心，不管是做产品经营、企业经营，还是资本经营，都不要忘了自己的使命，那就是"**好**

好照顾好自己的员工及员工的家属就OK了"。

一家企业的目标、方向终究要走向哪里，关键性的人物还是高层领导或是决策者的最终决定。我记得在上世纪六十年代平均每位CEO在一家公司任职十年到十五年，这些高管在他认为满意的企业里就像一颗宝石，自己散发着光芒，也长期雕琢着那些中高层领导，而企业也从他们所训练的人才库中收获了管理团队，那员工就更踏踏实实地生长、生存下去了。

这是一个高层核心领导人运用自己的领导风范才会出现的优质的效果。

然而，从80年代后期，企业的再造精简与产业的整合风潮，彻底改变了企业以前的管理模式。现在，平均一位高层领导或CEO在一家公司待到3~4年已经算很长了。为什么会出现这种现象？进入21世纪，每一个企业对高层领导以及CEO的标准也高了。标准高了，压力也就随之而来。

因为，高层领导干部对做出每一个决定，迈向哪一个方向，都要深思熟虑，而且也必须有独立发展自己的领导风范。现在是市场经济，每一个企业在市场的竞争对手都一大堆，做产品经营的要把自己的产品卖出去，而且要卖个好价钱。做企业经营的以及资本经营的难度就更大了。

所以，高层领导者就像我指导过的一家企业——"工体一百"，和打保龄球的球员一样，经常更换跑道，也就不足为奇了。

4

企业经营的共通核心是什么

接下来,我们再谈谈企业经营。因为,在资本经营的过程中,董事会及股东们眼睛睁得大大的在看着企业经营的绩效。绩效越好,股价就越高、股价越高、市值就越好!

资本经营的基础离不开企业经营。

在企业管理的领域中,多数的高层经理人都会设定标杆。有的追求业绩成长,有的希望累积经验,以利自己更上一层楼。

在商学院的MBA与EMBA的教学中,多数课堂里会使用大量的"个案教学",其中最核心的精神就在于"角色扮演"(Role-playing)。角色扮演中,老师会让你扮演其中的角色,在这些角色中,你必须做出回答,诸如:

如果你这样处理,结果会是什么?

通过学习成功企业和杰出经理人的案例,学生可以放大格局、强化思考能力、储备未来的能量。至于遭遇困难,产生不良结果的负面经营个案,也可以让你冷静分析,告诉自己——

如果你处在当时的某个角色,你会怎么处理?

如果你这么处理,结果真的会更好吗?

第二章 企业经营的发展战略

通过几百个案例，扮演过各种角色，你就会磨练成不忧不惧，任重道远的职业经理人，最终成为一名优秀的企业家。

即使没有受过正规的MBA和EMBA训练的人，在企业工作的过程中，也会衍生出相同的学习需求。所以，现在的社会中才会有成千上万的教育培训机构，担负起教育那些无数想要成就辉煌美梦的渴望者。

那么，从产品经营到企业经营再到资本经营的过程中，我们来探讨一个关键性的问题，那就是——"经营企业的共通核心是什么？"对于这个问题，哈佛大学商学博士瑞姆·夏蓝教授有精辟独到的见解。

我曾受教于瑞姆博士，他在商场上已有超过50年的经历，小时候在印度帮忙家里的小生意，长大后先是在澳州担任工程师，后来到了美国，在哈佛商学院和美国西北大学凯洛格管理学院（Northwestern University's Ksllogg School）任教，其后担任企业顾问，他的主要工作就是给世界大中小企业的CEO和董事长提供建议。从多年与这些企业接触的经验中，他说："我注意到让企业年年赚钱的优秀的CEO，他们就像你在读书时碰到的最好的老师。"

"这些优秀的CEO擅长抓'基础重点'，在他们面前企业经营的复杂性与神秘面纱也因此无所遁形。"

这些优秀的CEO还能让企业的每位成员（包括主管与部属）都确实了解这些"基本要素"，若是企业里每位成员都清楚企业是如何经营时，企业和CEO自然更为成功。当然受惠的也不光是CEO自己，企业里的每个人会因此更加认同自己的工作并从中获得成就感，而企业也能享有获利的成长（Profitable growth），也就是财务报表显示的销货收入（Top line，损益表上的首行数字）和净利润（bottom line，损益表的末行数字）也会逐年增加。这样一来，企业里所有的人拓展职业生涯的机会就更加宽广，当然还可以赚到更多的钱。

"经营企业的共通核心是什么？"说穿了就是——"经商之道"。

无论是产品经营、企业经营、资本经营，都必须要懂得这个道理。

不管你是在早市卖水果，晚上卖羊肉串还是经营世界五百大企业，都脱离不了——"经商的共通法则"。而这些法则也都被成功的企业领导者所熟知。

"经商之道"与"生意头脑"

你懂不懂经商之道的意思，就是——你有没有生意头脑？

如果你没有生意头脑，那就别谈什么产品经营、企业经营或资本经营了。

所以，"生意头脑"讲的就是——"全世界商场的共通法则"。无论是个体户还是大型企业，都必须随时随地、念念不忘——"生财之道的基本原则"。你也同样可以学习到这些基本要素——现金流量、流通率、投资报酬率、成长率和顾客，从而培养自己的生意头脑。

企业经营也是一样，只要了解经营的基本要素，不论是什么样的企业，你都可以了解其企业经营的"基本面"。

瑞姆·夏蓝教授说："我多年观察最优秀的商场人士如何思考和行动，希望将这些心得与你们分享，他们也可以把你们所学习到的东西再与他人分享，我希望让更多的人了解到，这些优秀的商场人士是如何让自己的公司和员工成为世界级的赢家。"当然，每家公司多少都有些不同，不过你一旦了解"经商的核心原则"后，就具备了足够的基础，可以了解自己的公司。

所以，最优秀的CEO和个体户老板的思考方向是一样的——他们清楚自己的现金状况，他们知道哪些产品项目能赚钱，哪些会亏钱。

他们知道出清库存的重要性，"库存流通率（inventory velocity）"。他们了解自己的顾客。

THE SAGES

第三章

生意头脑的核心秘诀

大企业和小商贩经商的基本要素都是一样的,奉行一套共通法则。

1

生意头脑的核心秘诀

你可能有机会经过某些城镇，你会看到路边有些小贩，他们摆张桌子或一辆手推车就做起生意。这个世界上不管到哪个国家或地区，都看得到这些在路边叫卖的小摊贩，不论北京、广州、上海、台北、东京或纽约，世界上每个角落皆是如此。

你跟这些小贩买东西时，很可能是买完就走，然后匆匆离开，你不可能想要跟他们聊聊生意经。因为你一定觉得他们的买卖非常简单（做最简单的产品经营），你能从这些小贩身上学到什么呢？

假如你真要跟这些街头小贩谈谈他们的谋生之道，你可能会十分惊讶——不论他们住在哪里、卖些什么产品或来自于什么样的文化背景，他们对自家生意的说法及思维都十分相似。他们用的就是——"商场上的语言"，而且是奉行着放诸四海皆准的经商法则。

我内人的三哥住在台湾省台北市，每天早上三点钟起床，洗漱完之后就踩着三轮板车到台北市果蔬批发市场去批一些蔬菜、水果之类的东西，大约要一个小时才能到批发市场，点菜、点水果，叫价还价之后再踩着三轮板车回到小区的定点摊位已是清晨六点。后来，在某天晚上我们边聊天边喝茶的时候，让我惊讶的是，只有小学四年级学历的他，所使用的措词竟然与我所接触大企业CEO的用语是如此的相似。

换句话说，谈到成功的经商之道，那些掌管着颇具规模又成功的企业的CEO，其用词和思维跟路边小摊贩其实十分相似。

当然，大企业和小商贩的经营肯定有些差异，但是，经商的基本要素、根本之道其实是一样的。很多大型企业的CEO，往往被称为"高级经理人"或"商界领袖"，不过，他们始终把自己看作是"生意人"，这跟街头小贩对自己的定位并没有什么不同。

我之所以了解这个道理，是我年轻时接掌台湾一家国际性的企业，并担任CEO，而且我有很多机会近距离的接触并观察很多商界领袖，有些优秀企业的CEO也成为我EMBA的学生，在他们与我的对谈中，我观察他们的思考模式，以及他们面对复杂的议题时如何抽丝剥茧，回归经商的基本原则。

在过去40多年的经验中，让我深信，从街头小贩、卖羊肉串的摊贩、乃至于一些大型企业，每家企业都奉行同一套共通法则。成功的企业家绝对不会偏离这些基本原则。

事实上，他们成功的秘诀，正是对这些经商基本原则的执着。他们跟街头小贩一样，对于企业的赚钱之道也具备非常敏锐的直觉。这种经商共通法则的应用能力，也就是"生意头脑"。

许多成功的CEO早年培养商业思维的经历，跟街头小贩是一样的。

以我内人三哥为例，他只有小学四年级的学历，只能靠着买卖蔬果营生赚些蝇头小利。于是，他利用空档时间，报了台湾的空中学校，一有空就学习，如果不懂的就跑过来问我。就这样十年后，成为台湾一家鞋店的店长，又过了十年他成为这家鞋店连锁事业的CEO。他就是从买卖蔬果中的经营里，学到了商场上的语言，日后才成为鞋店连锁事业的CEO。

你懂得商场的语言吗？

你了解企业经营的基本法则吗？

你有生意头脑吗？

学会了商场的共通语言，可以让你和公司任何部门、任何层级的人进行深度讨论。以往，穿着体面的高层主管和MBA所说的商业语言你未必能够了解，但是，经过这样的学习之后，你就可以完全明白他们真正的意思。你也会因此更加投入企业和自己的工作，而且今后你或许也会碰到更好的机会。

每天早上街头小贩摆好叫卖的推车，把最好的水果摆在最前面（企业把这叫作商品规划）。他会用敏锐的眼光，观察竞争对手——

他们卖些什么？

定价多少钱？

他们脑袋里想的不止是今天的事情而已，明天应该怎么做的问题时刻盘旋在他的脑海里。

如果从蔬果市场批发来的产品很难卖，那么他必须考虑"调降价格"（对顾客价值的重新认定，凡事以顾客的需要为依据），并且重新安排陈列的方式或许还有必要放大叫卖的声量（促销、广告），以便吸引更多顾客。

或许，明天到批发市场去还可以找到价格更低的品种，或许也需要调整一下水果的种类及蔬菜的类品（产品重新组合）。一旦发现今天的销售量不理想，就会思考一定有什么地方行不通，而且会立即加以调整。

怎么发现销售不理想？晚上，回到家里数数口袋里的钞票就知道答案了。

小摊贩回到家里脑袋里一直想着——

今天卖得怎么样？

现金可不可以明天再买回更多的产品？

明天要怎样做才可以赚到更多的钱？

这样下去，是不是可以一直都赚钱？

第三章 生意头脑的核心秘诀

如果，我内人的三哥一整天都没有赚到钱呢？那他可就惨了。家里紧绷的气氛会让他难以忍受，而且身为一家之主的面子也挂不住。更何况还要看着我那三嫂难看的脸色（股东的脸色）。这样的压力逼着他脑筋要动得快一点，明天要起得更早一点，才能买到更好的货色。

他必须要为明天想着——

明天要怎么进货？

进哪些货？

怎样定价才能卖得更快一点？

需要多少现金来周转才能继续把这样的生意做下去？

企业的经营也是同样的道理。你可能会听到某公司周转不灵、生产过剩、但又卖不掉，发现大量的现金被套在库存里。你也许会听到某公司的货卖得很好，可是款收不回来，外面的应收账款太多了，钱收不回来，公司现金不够，怎么办？这时就得靠借贷。如果借贷过多、利息过高、应收账款又收不回来，最后只有破产一途了。

企业经营的核心——赚钱的基本要素

培养"生意头脑"就得先了解赚钱的基本要素是什么？

只要是生意人，内心总是会盘算着——

这样的生意赚不赚钱？

怎么赚钱？

目前赚钱的局面会维持多久？将来可能会出现什么样的变化？

"不论男人女人，只要是生意人讲到赚钱这档事，绝对想要抽丝剥茧，并设法要找出最根本的构成要素。"

2

企业赚钱的四大要素

现金流量、资产报酬率、持续不断的获利成长以及满意的顾客是企业赚钱的四大要素。

现金流量

现金流量是衡量赚钱能力的指标。敏锐的企业家必须要知道——

公司有没有赚到足够的现金？

现金的来源在哪里？

现金都用在哪里？

企业家要是没想过这些问题并找出答案，最后，企业一定会出问题。

现金流量的净值

指的是在某段期间内，企业所有现金流入和流出的差额。

流入公司的现金来源包括：

顾客为产品或服务所支付的现金。

应收账款收到的现金。

街头小贩的所有交易都是用现金。

顾客用现金付账，小贩支付货款也是现金。

不过，长期以来很多公司都利用延长信贷做生意。——当下卖出商品但日后才会收款,当下进货也是日后才付款。

于是现金和收入就变成两码事。

企业的会计账上会出现两个科目——

应收账款:顾客欠的钱

应付账款:企业欠供货商的钱

关键的问题是:付款时机会影响到他们的"现金流量"。

简单的说,应收账款的时间越短,应付账款的时间越长,公司的现金流量就会顺畅,如果应收账款的时间比应付账款的时间还要长,显然,公司的现金流量就一定会紧张。

现金流量顺畅,则企业得以延续。

你知道自家公司的现金流量净值是正还是负吗?

原因是什么?

如果现金流量净值是负的,是不是因为公司卖不出去的库存太多?还是因为公司的策略偏重在对外的投资?

企业里每个部门都应该回答这样的问题:

你的部门能赚到现金吗?

你的业务在消耗现金还是增加现金?

3

现金流量 人人有责

在很多企业里，有些人会忽略现金流量的重要性，他们会觉得这是财务部门的责任。

"自己的一举一动是消耗公司的现金、还是为公司增加现金？"这个问题是企业里每个成员都应该注意的。

有些敏感的生意人想出了一些非常有效率的办法来增加现金流量，其中大多数是从库存下手，因为库存会妨碍现金流量。以亚马逊来说，这家线上书店一个星期七天、一天二十四小时都在做生意。

亚马逊刚成立之初没有任何库存，所以在现金周转方面比传统书店更有优势。亚马逊在线上接单后，是经由别人的物流系统出货给顾客。一旦出货，顾客的信用卡公司就会支付书款给亚马逊，而亚马逊则在几个星期之后才会跟供货商结清货款。他们手头长期保持有充裕的现金，并且可以运用在行销上，进而创造更大的业绩。

但后来，亚马逊调整了商业模式，现在已有仓库和库存了，这当然会影响企业的现金流量。

戴尔电脑的商业模式也很相似，该公司直接销售个人电脑给顾客，顾客在下订单时即以信用卡支付货款。也就是说，公司在出货之前就能取得现金，但是戴尔电脑在取得零件30天后才须付款给制造电脑的零件供应商。而戴尔电脑只维持六天的库存量。所以,任何时候,戴尔的现金流入绝对大于现金流出,等到戴尔的规模快速成长之后,其所赚到的现金也越来越多,所以才会有人说,戴尔是超级印钞机。如今中国大陆的淘宝、天猫、京东等众多的网上购物的商业模式都是顺着同样的路径在走。

并非只有像亚马逊、戴尔这种互联网经济公司才能创造大量的现金流。其它像奇异、麦当劳等传统的企业也能具有同样的效率。以奇异公司过去的二十年来,积极提升生产设备、改善生产流程的效率、全面降低库存的需求,不需要兴建新工厂照样能提升公司的产能,为公司创造大量的现金流量。

所以只要用心的生意人都必须知道现金对企业成长是重中之重。企业里的每一个人,从高管到最低层的员工都要有一个绝对的信念:

"现金流量,人人有责"。

4

资产报酬率

不论什么企业,你所运用的资金不是自己的就是别人的。这些钱代表你这家企业的投资,也就是企业的"投资资本"(investment capital)。如果公司是你父辈给你的,这表示是父辈给你的"投资"。

如果你的投资或"资产",包括工厂、办公大楼、电脑系统、机器设备等,这些资产叫"固定资产"。此外,保险公司必须保留一定额度的现金,以备客户求偿时做为理赔之用,这个"理赔准备金"也是一种资产。

有生意头脑的商人,一定想要弄明白用这些资产能赚到多少报酬——这就是"资产报酬率"(return on assets简称ROA)。

至于"投资报酬率(return on investment 简称ROI)"只是衡量的方式不同,概念完全一样。

其实你不一定要念MBA也能了解"资产报酬率"的概念。**有生意头脑的商人直觉马上反应得知,报酬率要高,得靠两个要素:获利率和流通率。**

流通率(Velocity)这个名词指的是速度、周转的意思。你可以想像商品从商店的货架上转到顾客手中的流程——这就是流通的概念。对于许多企业而言,"库存流通率"这个数字能透露出许多讯息,包括:

该公司现金流的速度、该公司经营的效益、该公司行销的手法、该公司销售渠道的畅通以及市场对该公司接受的程度等等。

沃尔玛百货卫生巾的库存周转率为360次,这表示沃尔玛卫生巾的存货几乎是天天出清。可以说在沃尔玛百货的数万种商品里,卫生巾进货的钱"每天都连本带利回收"。

企业如果要得知"资产流通率"的计算方式,简单的算法是:

资产流通率＝一段时间内的总销货收入÷总资产

库存流通率 ＝ 总销货收入÷总存货

流通率的概念是:企业的商品必须流向顾客的手中——而且是越快越好。

我希望你回答以下的问题:

（1）贵公司从订单进来到送货给顾客这段流程要花多久时间完成？

（2）贵公司收到原料和零件之后,制成产品后再卖给零售商店或批发商要花多久的时间？

在美国一辆新车从制成成品出厂到卖给消费者这段流程平均要花72天。

在这72天当中,公司用来购买零件和进行汽车组装的资金全部被冻住。汽车制造商得等到汽车交到顾客的手里时,才能取回这笔资金,然后再投放到其他的用途。

如果新车能早点交给顾客,而不是摆放在仓库里,那么制造厂商被冻存的资金就会大大减少,当可使用的现金流增大时,企业的竞争力也会跟着加强了。

现在明白流通率为何如此重要了吧！

流通的速度越快,报酬就越高。

所以,资产报酬率就是获利率×流通率。

这是全世界都行得通的法则，可以写成以下简单的公式：

报酬率　＝　获利率　×　流通率
（Return）（Margin）（Velocity）
R　＝　M　×　V

只要你想成为商场上的佼佼者，这个公式值得你背起来。

优秀企业的CEO，常常会利用资产报酬率的计算公式来了解公司所有商品的体质，如果体质差的商品就马上淘汰，最后留下体质优的商品并且再开发资产报酬率更棒的商品。

一、获利率

这里所说的获利率代表的就是"税后纯益"（net profit margin after taxes），也就是公司在支付所有费用、利息支出并且交完税后所剩下的利润。

上面所说的费用包括：产品制造、销售以及企业经营所需、贷款利息以及税金及附加等。

净利率是从毛利率（gross margin）算出来的。而毛利对于企业基本面的分析是非常重要的数字。

简单的公式是：

毛利　＝　销货收入－直接成本

税后净利　＝　毛利－费用－所得税

（费用包括：制造、销售、经营、利息支出、税金及附加等）

许多精明的商人及投资人很重视"毛利率"，例如，贵公司商品的毛利从60％降到50％，那么作为企业的CEO，你就得召集所有部门的主管，问问他们到底发生什么事？是不是产品的制造成本增加了？还是由于市场的竞争迫使你们降低售价？还是有其他的原因？

以个人电脑为例，在个人电脑的市场陷入激烈的价格战之后，毛利率从原来的38%降至20%左右，为了生存，个人电脑制造商不得不改变经营方式，把零件制造外包出去，以便降低成本、增强竞争力。

二、流通率

获利率当然重要，但企业赚钱的眼睛不能只盯着获利率，"流通率"才是企业的生存关键。一些能够基业长青的企业的CEO，会同时关注着"获利率"及"流通率"。

前面我们提到沃尔玛百货卫生巾的库存周转率为360次。这表示他们的卫生巾存货几乎天天都出清。这个"存货天天出清"的概念，就是流通率，流通率的速度越快，企业的的资产报酬率就越高，中国人所谓"薄利多销"就是这个道理。

所以，在经营企业时，要观察自己公司的资产报酬率。如果你觉得不够好，就得想方设法加以改善，这时提出适当的问题，对企业经营也有相当的帮助：

1. 你们资产报酬率跟业界的佼佼者比较起来怎么样？

2. 你们公司过去三年来，资产报酬率是呈上升还是下降的趋势？

3. 在你们的业界有哪些公司享有最优秀的获利率、最高的流通率、最高的资产报酬率？

4. 这些优秀的企业有哪些值得你们公司效仿的地方？

经商永远不变的原则是——

资产报酬率必须要大于你们运用自己或别人的资金所需花费的成本（资本成本）。

如果资产报酬率未能超过资本成本，投资人就会心生不满，因为你们让股东的财富蒙受损失。

三、股东价值

不管是任何企业,所赚取的报酬绝对要超过运用他人(投资人或股东、银行贷款)资金的成本。为了坚持这样的原则,现在许多公司都采用"股东附加价值"(shareholder value-added,简称SVA)这项衡量指标,迅速判断公司整体绩效有没有达成投资人基本的要求。

SVA虽然是种有用的单一指标,而且能反映资金运用的品质,但无助于了解公司内部的真正状况。这也是为什么那些优秀的CEO绝不会偏离基本的赚钱衡量指标——现金流量、获利率、流通率、资产报酬率和成长。

街头的小贩就是靠这些基本要素来做出判断才能够持续获利,大型企业也不例外。深入讨论并了解现金流量、获利率、流通率、资产报酬率和成长背后的现实,从中看出一些端倪,终而明白什么是应该注意的焦点,以及今天要做什么改变。

第三章 | 生意头脑的核心秘诀

5

持续不断地获利成长

能够持续不断地获利成长是每个人、每家企业,甚至于每个国家的梦想。

你们公司有没有持续成长?

成长的同时是不是还兼顾到获利?

你们公司商品的流通率是上升还是下降?

如果你们公司低增长率一直都上不去,甚至于出现负数时,作为CEO你要怎么做?

如果你们公司一直落后于竞争对手,那么你的个人发展也会因此受到影响。

如果你们公司的业绩连续两三年都没有成长,那自然也没有机会提拔人才,人才在公司的升迁就会受阻。

如果因此而造成公司开支删减、裁员、缩编,好的人才就开始流失,整个公司进入负面循环,最后企业就坠入死亡漩涡。

当今这个世界每天都必须不断的成长,在如此竞争激烈的环境下,不进步不止是落伍,还代表死亡。

你的企业要是不追求成长,那么竞争对手早晚会取代你的地位。

上个世纪80年代西屋公司（Westinghouse）是全球投资人的焦点，而且与奇异电器算是业界的两驾马车，在商场上并驾齐驱。可是在偏离了基本面、偏离了持续不断成长的正轨后，还没有进入21世纪时就黯然退场。

成长能让企业充满朝气。

不断成长能让企业吸纳更优秀的人才。这些人才会在这个充满朝气的企业里大展身手，为企业创造出新的机会。

成长能吸引更多的顾客、开拓更多的市场、接到更多的订单。

成长能让员工过上好日子，让股东脸上笑开了花。

成长能让公司的股价一路长红。

6

真正有意义的成长

真正有意义的成长必须考虑到获利以及是否可以延续。也就是说，获利率和流通率得跟着公司的成长而获得改善，当然，现金流量也得赶上成长的脚步。

许多企业家在尝到成功的甜头时，竟一味地追求成长，而忽略了赚钱的"基本要素"。例如：一味地开拓市场、一味地开分店（餐厅）、制定错误的业绩奖励制度，这些虚的成长的假像，却让公司无利可图陷入周转的困境，更可怕的是很多企业由于错误的扩张计划导致了公司走向破产的结局。

精明的商人都会明白一个道理，他们不以规模大小作为衡量成功的指标。销货收入上升不见得表示你的生意好了起来。他们都会了解成长的方法和原因。他们常常思索着企业成长的方式是否能够持续下去。

所以，经营企业有时候就得冷静思考，你们追求成长的方法会增加现金还是会消耗现金？公司的获利率是否会因此而获得改善？

如果获利不断上升，公司的现金流也跟着增加，那么，你的头脑就会开始活泼起来，思考着要开发新产品、收购别的企业还是要打入新的市场。因此能够发掘别人没能看出来的机会以达到企业获利的成长，也是生意头脑好的表现。

以福特汽车为例：

买车的消费者同时也需要贷款及保险，或许一段时间后，还需要进行维修保固、购买及更换一些零件。贷款、保险、维修和汽车零件是截然不同的市场区块，但是，和当初买车的购买行为是息息相关的。以美国汽车消费为例，一般人在汽车使用的年限里，所花费的各种费用包括上述的贷款利息、保险支出、维修及购买零件的费用大约是当初购车金额的三倍半。

福特为了公司的成长，决定把这些市场区块吃下来，当然这样做也是为股东创造更大的价值。于是福特于1999年收购欧洲汽车连锁维修中心KwiKFit及汽车保障公司（Aatomobile Proteltion Corporation）。

福特也积极进军电子商务，目的就是借此刺激成长。福特也利用网络与更多的顾客做更迅速的联系，并做为与供应商、经销商的沟通管道，其以加速提供消费者想要的车款。这么一来，消费者的满意度和企业的营收成长都会上升。

第三章 | 生意头脑的核心秘诀

7

满意的顾客

我内人的三哥以前做街头小贩时,我问他能不能预测生意的好坏,他告诉我只要看着顾客脸上的表情,就知道顾客喜不喜欢他卖的水果或蔬菜。从顾客的表情他就能判断今天的生意,而且也能预测明天是否要变换新的品种。

我相信有生意头脑的企业CEO也是一样,他们会跟顾客保持密切的接触,而且相信唯有满足顾客,公司才能蓬勃发展。这道理全世界都是一样的。

以往许多企业会以"意见调查表"或"客户访谈"等方式来了解消费者的需求,但是最优秀的CEO不会只依靠这些资料或数据。他们知道,如果没有亲身与顾客接触,他们有可能会错过市场重大的改变和商机。

许多用心的CEO会特别去观察使用其产品和服务的顾客,并亲自与他们沟通。山姆·沃尔顿虽然是零售业的老大,即使家财万贯、富可敌国,但他绝不会疏于跟顾客保持接触,他定期会巡视各地方的分店,亲自了解公司的经营状况。

鲍伯·纳德利(Bob Nardeli)成为家居商城(Home Depot)的CEO之后,他就开始到全美各地的分店去巡视。他穿上家居商城员工的桔色围裙，与一般工作人员混在一起服务顾客。他打扮成一般的员工亲自了解顾客和员工之间的互动，激发出顾客再度上门购买的动力。他凭着与顾客保持密切的接触，借此激发出许多点子，让公司的业绩保持在上升的状态。

福特汽车的前任CEO纳瑟也是一样，他会设法到世界各地与不同的消费者见面、座谈，亲自了解福特汽车和卡车车主的使用心得。他每到一个国家都会特地到年轻人多的地方，借此可以了解到年轻人喜欢的颜色和风格以及流行的趋势。

这种直接接触所获得的心得，是任何市场研究与意见调查都无法替代的。

当1997年到1998年间福特在豪华轿车市场的占有率节节萎缩时，他决定把林肯水星（Lincoln Mercury）部门迁到加州。因为富裕的加州消费者是美国豪华轿车市场的趋势缔造者。这个迁移计划的目的可以让福特豪华轿车部门的主管和这群高端消费群直接接触，以便了解这个市场群体的需求及流行的趋势。

最优秀的CEO都知道，只有让顾客满意，公司才有未来，脱离了顾客就接近死亡。

2000年8月作为福特的CEO纳瑟，决定收回650万个福特Explorer的汎世通轮胎（Firestone）。纳瑟为了加速更新轮胎，他让三座工厂整整闲置了三个星期。他当然知道，这样做短期内会让福特的获利率受损，可是基于"顾客满意"及"顾客安全第一"的原则，他必须这么做，因为他知道，要是没有顾客的信赖，其他的事情也就没有什么意义了。

购买者不等于消费者

有些公司把购买者及使用产品的人都称做"顾客"。不过，他们未必全都是最终使用这些产品的"消费者"。

父亲购买一辆越野自行车送给了儿子，儿子十分满意，在这里儿子是消费者，儿子满意了就是消费者满意了。

女儿要求生日时父母送她一款土豪金手机，女儿是最终消费者，父母是购买者，购买者满不满意不重要，女儿满意就行。

所以，想想消费者买到的是什么？

他们买到的不只是商品本身，还包括了"可靠性"、"方便性"及"服务性"。

对于许多的街头小贩而言，消费者就是购买者，他们购买的也包括"依赖性"。

许多企业的绩效为什么不好？

为什么会陷入困境？

答案是企业领导层和消费者严重脱节。

以西尔斯百货为例。

说明"顾客满意"是何等重要。

1980年代末和1990年代初期，美国的中产阶级妇女多半趁着高档百货公司为名牌服饰打折时采购衣服，或是到平价商店购买，而这些平价的店家不断提升服饰的品质及款式，价格依然便宜。

西尔斯坚持走高档路线。

西尔斯错过了这波趋势，他们的价格及款式拼不过那些平价商店。

于是，他们的业绩一落千丈，因为顾客默默离开了西尔斯，连招呼也不打一个。

亚瑟·玛迪尼兹于1955年成为西尔斯的CEO，他发现女性消费者并不喜欢西尔斯百货的服饰。于是对女装部门进行重新设计。女装部门的营业收入占整体公司总营业额的三分之一，他们开始调整广告策略、更换供应商。

1994年西尔斯的营业收入是290亿美元。

1995年经过改头换面之后的营业额达到了310亿美元。

1996年上升到330亿美元。

所以，当你的销售和获利率下降了，怎么办？

答案是：跟消费者聊聊，听一听他们的声音。直接观察他们的购买行为。而且要避免透过经销商或中间环节的转述。

顾客的忠诚度是靠着每次和顾客接触时，努力争取来的。

顾客要的不过是跟你买东西的理由。

至于顾客需要什么，简单的做法就是直接从他们身上去探寻，这是基本常识。

可惜的是，许多企业缺乏这样的基本常识。

第三章 | 生意头脑的核心秘诀

8

美国大企业的诞生故事

无论是投行、创投、私募股权基金、对冲基金或管理顾问公司，大企业都扮演重要的角色。因为，大企业是顾问公司和投资银行的主要客户，是对冲基金和私募股权基金投资以及监看的对象。当然，也往往是创投创造出来的产物。《财富》五百大企业是《财富》杂志根据营收所汇集整理出来的"美国五百家最大企业"。

"营收"或许是衡量一家公司规模最简单的方式，不过，未必是判定成功与否的最好标准。在2009年的榜单上，有128家企业虽然营收都超过40亿美元，却没有"赚钱"。

所以，了解美国大企业的诞生过程，我们才会真正体会美国金融业的前世与今生。

从南北战事（1861～1865年）到第一次世界大战（1914～1918）期间的创新，为很多美国企业奠定了基础。工厂机器、装配线、快速的炼钢方式、燃烧式引擎、电力、沟通技术等，提供了美国创业家必要的条件，由此，让他们创造出美国钢铁公司、福特汽车、美国电话电报公司（AT&T）和奇异等大企业。美国杰出的银行家查尔斯·莫里斯（Charles Morris）说道："能在1900年代初期胜出的企业，都经历过史上最惨烈的适者生存厮杀过程"。这些企业随着美国经济快速成长而崛起，他们利用自己日益庞大的规模来维持并增强竞争优势。

之后，美国加入第一次和第二次世界大战的战局，再加上国际贸易越来越频繁，为美国大企业的产品创造出更多市场需求。1950年代和1960年代，美国大企业的管理职位成为商学院学生向往的目标。经营模式创新的零售业，例如麦当劳和沃尔玛相继成立，而原有的大企业也日益壮大。

到了1970年代和1980年代劳力成本高涨，创新减少，经营高层欠缺有效的"前瞻思考"，许多美国企业因而遭受外国企业的激烈竞争。例如通用汽车和美国无线电公司（RCA）等大型企业开始感受到来自外国竞争者所带来的压力，也正是在这段期间，美国新一批成功企业的种子也开始播种下去。

"创投产业"的兴起，促使美国新公司纷纷冒出来。虽然1970年代晚期到1980年代初期并不是美国企业的丰收年，但却是微软、苹果电脑、加得宝(Home Depot)、星巴克、思科（Cisco Systems）这些未来知名企业的孕育年代。

企业如果无法快速因应消费者不断改变的需求，并适应日益竞争的环境，必然会步入衰退，而大环境的经济不景气，往往会更加速企业的衰退，如果经济环境健全，克莱斯勒汽车、华盛顿互惠银行、电器城（Circuit City）这几家公司或许可以多活几年，可惜的是它们都在一片不景气声中宣告倒闭。

2008年到2009年这波经济衰退的深度与广度，使得企业领袖不只把注意力放在损益表，也特别关注资产负债表。2005年到2007年经济景气期间，苹果电脑、埃克森美孚石油公司（Exxon Mobil）饱受抨击，因为他们宁可将大把现金握在手上，也不愿透过股利或库藏股的方式发放给股东。然而等到经济出现衰退，批评者顿时闭嘴，因为那些现金给了这几家企业很大的缓冲，使得公司可以顺利运作，而其他缺乏现金的企业则被迫抛售资产或增加融资。因为也唯有如此它们才能渡过难关，企业领袖的眼光与前瞻性的思维决定两者间的不同。

资产负债表亮丽的企业，有能力进行策略收购，例如甲骨文买下昇阳电脑、辉瑞大药厂（Pfizer）并购惠氏制药（Wyeth Pharmaceuticals）。

如果企业高层认为公开市场过度贬低公司未来前景，他们也会趁机从中赚上一笔。比方说，在由于市场上很多人认为福特发行的债券有违约之虞，所以市场交易价格只有面额的40%，但是，福特高层反其道而行，抓住了这个机会，也让福特马上出现盈余，因为福特透过债券发行拿到100亿美元现金，而且只需支付40亿美元就可清偿债务。

同样的情况也发生在自由媒体集团（Ciberty Media）。该公司执行长乔·马龙（Joe Malone）是个经验丰富的市场运作老手，他看出一个千载难逢的机会。2009年2月，他提供5亿3000万美元的贷款给濒临破产的天狼卫星广播公司（Sirius XURadio），得到的是3000万美元的融资手续费以及可转换四成天狼公司股票的优先股。

9

不景气时,大家都很危险

奇异公司总经理杰米·艾瑞克强调:"如果有人说,他的成功经营之道完全与市场情况无关,也不受全世界的外在环境影响,那他一定没说实话。"当经济陷入衰退时,不管是什么种类的公司,不管它是规模大或小的公司,都一定会面临困境。所有人忽然发现过去有用的办法在不景气时竟然完全失灵。即使是较不受景气波动影响的行业,例如健康医疗,也无法幸免。

波士顿科技公司("Boston Scientific,《财富》五百大企业之一,专门生产医疗器材")的创办人之一董事长彼得·尼可拉斯(Peter Nicholas)说:"经济如果陷入衰退,我们就会仔细研究客户的可用资金和财务状况,经济大环境会影响他们能否准时付款,有时会担心他们根本就付不出来"。他特别提到,2009年5月,一直有客户破产的消息传出,在某些采取单一支付医疗系统的国家(通常是由政府扮演唯一支付者的角色,直接付款给医疗服务提供者)。政府干脆暂时停止支付,延迟付款两年以上或甚至更久。在正常经济环境之下,有很多问题原本会以正常秩序办理,但是碰到不景气就得谨慎应对。

10

企业的未来——更有效率，更需要员工的能力

过去数十年来，有几股力量驱使美国商业环境更有效率，更有竞争力。

1. 私募股权公司买下营运不如预期的公司之后加以重整。私募股权公司的做法证明了透过有效举债可以提高股东报酬，而且，提供股份给经营团队，可以让他们为公司创造出亮丽的业绩。

2. 股东对高毛利与持续成长的期待，也是企业运营效率提高的因素之一。

摩立特顾问公司的CEO乔·福勒指出："今天的企业和20年前的最大的不同之处在于，现在的企业精简很多。如果是1980年代，大企业会有30人到80人的策略规划人员，编制上非常松散。"他说，现在，企业为了生存，极力降低人力资源成本，"不会有松散的人力编制"。

由于市场的需求渐增，也促使很多企业大举招募受过"正规商业训练的员工"。贝恩管理顾问公司的资深董事恰克·法克斯回忆："我第一个客户是一家很大的化学公司，他们公司的总部当时只有一位MBA，如今几乎人人都是MBA，而且，二十年前他们聘请我们去做的事情，如预测成长率、评估投资决策……现在都可以由他们自行完成。因为

企业内部有受过完整训练的人，懂得现金流量折现（discounted cash flow），也懂得如何上网取得资料。我们贝恩公司现在必须解决的难题比以往棘手多了，这是由于大多数企业的复杂程度、企业变化速度、市场变化的速度、全球化问题以及互联网和智能型手机的盛行等等，都已经变得太多了，也变得太快了"。

全球性的经济衰退以及经济环境的更加困难，造成全球企业倒闭数量猛增，当然也会造成各阶层人员的大量失业。对很多企业来说，经济衰退时必然会大幅删减成本及开销，关厂、裁员，如果执行得当，这些措施可以让企业更精简，为未来的竞争及生存奠定基础。《经济学人》杂志在2009年的"美国企业专刊"中这样说道：未来几年能够崭露头角的企业，一定是对成本锱铢必较、尽量避免举债、随时注意现金流量、无微不至照顾客户需求的企业。

当然如果企业删减成本的方式会损及产品品质或客户满意度，那么要重回过去的获利水平就相当困难了。不景气之后必然会出现复苏，此时市场上对产品和服务的需求会增加，如果企业能安然度过经济动荡并持续满足客户需求，就有机会在市场复苏时夺下市场占率。

所以说，企业领袖的前瞻性眼光及锐利的判断力，在企业经营的过程中占着百分之百的责任，这是未来企业家必须学习的功课。

11

企业经营高层扮演的角色

企业的经营高层有三大责任：

第一是经营公司

管控公司的产品和客户关系。

第二是管理公司

包括公司治理以及法律规范等层面。

第三是领导组织

确立公司的使命、价值、优先顺序，并传达给组织内每个人，另外还得带领公司进行创新、开创新的领域。

经营，必须随时掌握最新情况。

经营企业是一件相当辛苦的工作，从老板（董事长）到CEO、到中层主管，都得为公司的运营负起责任，包括开发新产品、预估客户需求、制定能让产品有效销售的定价，按照承诺将产品交给顾客并确定顾客的感觉是相当满意，换句话说就是，你必须提供"优于竞争对手的服务或产品给客户。作为CEO或许不会天天参与运营细节，但一旦遇上重大问题，一定要投入时间来处理。而想要随时掌握公司的最新情况，有效地投注心力去解决，就需要有高度的聪明才智和好奇心"，如果要随时掌握情况，"就得花时间与客户及员工相处"，CEO必须亲临市场，多听听在办公室里听不到的声音，这样才能真正掌握公司的"生死脉动"。

12

基业长青的企业价值

企业之所以优秀,是因为员工优秀。优秀的员工,尤其是"绩效优秀的员工"的身上一定会具备的特质:

一、精力(Energy):你有没有把绝大部分的精力投注于工作?

二、激励(Energize):你能够激励身边的人以及客户吗?

三、魄力(Edge):你有能力拿起电话把最要好的朋友开除(因为他犯了错误)。

你有能力撤出你不看好的投资,并把钱投入没有人看好但却有可能大赚一笔的投资吗?

四、执行力(Execute):你确定你能说到做到吗?

五、愿景(Envision):你对企业的未来有远景,并且愿提供必要的支持来达成。

六、道德(Ethics):企业要有道德,做人也必须有品德,企业道德如果没有扎根于公司里,公司能否基业长青便值得怀疑。

"企业道德"是企业经营最核心的东西,以尊敬和尊重对待每一个人,包括员工与客户,本应该是根植人心的观念,但不可以只放在心上,还必须"说出来",说出来才有机会落地,一旦落地,那就会变成每一个人的责任,你的言行举止,你所设计出来的产品就会得到别人的尊重与认同,这才是企业真正的生命力所在。

13

美国大企业喜欢用军人

所有优秀的CEO都懂得"把公司的资源做最佳的配置"。带人也是,所以美国企业常常网罗退役军官加入。他们在军队里面通常是由某个角色开始做起,例如步兵军官,然后一步步晋升到组织高位,例如升上营长,带领整个步兵和炮兵。你不见得有属下所具备的技术训练或专业,你的任务就是"领导他们"。同样的道理,在《财富》五百大企业里,高级主管在某个领域的专业知识也许逊于旗下的工程师、分析师和科技人员,但重要的是领导能力。

接受过军事教育的学生,一毕业之后马上就能带领一二十位以上的军人,这样的训练非常有用。从商学院毕业的退役军官,在商业方面或许不见得有优势,不过他们却有相当的领导经验。"如果从军队退役的人都上过战场,他们都曾经在炮火下做过关键决策,我觉得这和在步调快速、背负高度期待的企业中工作的情况非常相似",一位美国西点军校的毕业生杰米说。

在创投业或顾问业,如果有必要,公司合伙人也有办法执行低阶员工所做的分析工作,也就是建立财务模型或进行实地查核。

总之,企业领导是一门艺术,必须懂得够多,才能带领一批高度专业且任务各异的人,当然也不能够淹没在细节中而失去了对企业未来的判断。

THE SAGES

第四章
企业的资本架构

资本架构就像飞机上的座位安排：头等舱、商务舱和经济舱。

1

企业的资本架构

当一个人生病去看医生时,医生总是关心病人的饮食。他会问你吃了什么?喝了什么?吃了多少红肉?多少蔬菜?喝了多少酒?睡眠好不好?大便通不通?凡此种种,都是医生了解病人的健康状态与身体机能的关键。如果我每天用垃圾食物喂饱肚子,最后可能造成腹部脂肪过高。如果我吃太多鸡蛋和虾子,我可能就会积累过多的胆固醇。结论是:你吃进什么,你就会变成什么。

这个道理套用在企业身上:

企业吃进什么,就会变成什么。

所有的企业都要吃进现金,而且是大量的现金,企业需要用资金支付:员工薪水、购买原材料、淘汰老旧机器、购买新技术以及支付租金。也就是说,要利用现金作为企业运营之用。现金有两种,一种是自有资金,一种是投资人投的资金。投资人想知道的是:

企业从哪里赚钱?有多少是来自于销售?有多少是来自于贷款?有多少是来自于股票投资人?企业的现金都用在哪里?企业家要是没想过这些问题并找出答案,最后,企业一定会出问题。当然,不同的答案会使得这家公司的媒体形象或财务报表看起来大不相同。当投资人试着去判断到底是应该投资这家公司、投多少钱合适,还是纯粹借钱给这家公司；或是用其他方式投资时，不同的答案也会出现不同的结果。

公司的组成架构分为：上层组成要素，中层组成要素及基层组成要素。若以企业投资人为例，他们的层级高低会根据偿债顺序决定：贷款给企业的银行居首，其次为债券持有人，最下层则为股东。

有一个比喻可以帮助我们了解资本结构。就是想象一下飞机上的乘客座位安排：头等舱、商务舱和经济舱。企业资本架构也是一样，坐在头等舱的是银行家和创投。坐在商务舱的乘客是债券持有人。最后，全部挤在最后面经济舱的乘客就是股东。这个比喻是指资金进入的顺序。

当然资金的退出也是有顺序的。

当飞机安全着陆后。乘客要离机时，首先要照顾谁呢？头等舱那是当然的了，头等舱的乘客优先离机，他们被送进豪华的礼车，扬长而去。接下来呢？来了一辆豪华巴士，商务舱的乘客鱼贯上车。最后呢？航空公司派了一辆普通的大巴，所有经济舱的旅客都是站着，实在挤不上的旅客，只有再等下一辆大巴，在寒风中苦苦地等着，抱怨没用，谁叫自己坐的是经济舱。

同样的道理也可以运用到企业。投资人将资金注入企业，他们受偿的优先顺序，是要看他们做的是哪一种投资而定。投资人把钱投入到公司作为公司的运营之用，当然，公司有充裕的资金可用时，一切都顺风顺水，一旦企业的现金流快要耗尽眼看着后援快要跟不上时，就要开始思索着如何面对投资人。

金融界的规律是，看到这家企业有美好的未来，投资人就会投钱，可是一旦企业陷入麻烦时，投资人就会想要抽身，他们都想要把钱拿回来。这里所说的麻烦通常指企业经营陷入困境，美好未来的期盼变得难以捉摸了，投资人心中没底了。

对企业来说，它不必为了把钱先还给谁而烦恼，因为资本架构让资金退出有清晰的流程可依据。

提供担保贷款的投资人，最先拿回资金。因为他们提供的是最安全的债务，他们要求企业提供担保，在贷款协议时也可能会加入了某些约定事项，如果企业碰到麻烦了，他们很早就会得到警讯，如果企业无法全额偿还向贷款人借的钱，贷款人就会接收担保品，担保品可能是房产、机器设备、车辆甚至是公司的整个部门。企业偿付优先贷款人之后，如果还有剩余资金，就会让债券持有人把钱拿回去。在债券持有人受偿之后，如果银行里还有任何现金，股东就可以拿回他们的投资本金，如果一家企业真的现金流耗尽，负债累累，那么他们就什么也拿不到了。

2

风险与报酬

　　一家企业的资本架构，其核心就是风险与报酬。投资与风险及报酬是不可分割的。风险愈高所能得到的报酬也愈高（当然这是假设一切顺利的前提下）。

　　如果你跟银行打过交道，想要跟银行贷款都有这样的经验——非常难。因为银行自己没有钱，他们的钱都来自于存款人存入的钱。他们最担心的就是风险。但是所有"贷款银行"都在做同样一件事情，存款跟放款，他们赚的就是中间的差价。如果银行没有把钱贷出去，他们就没有钱赚，这是他们的核心业务，但为了对存款户负责，他们都会设法降低自身的风险。为了做到这一点，他们都会在协议书里加上"约定事项"，并要求抵押品来为贷款担保。所以，对于银行来说，贷款是为了收取利息。但是，在作业上，他们还是以能安全地把贷出去的本金拿回来为第一要务，其次，才是丰厚的利息。

　　我们来谈一谈"债券投资人"。

　　我们都知道，**企业缺钱就需要融资，融资有股权融资及债权融资两种。债权融资给的是企业的债券**，通常企业债券的利息都会比银行发行的固定存款利息要高很多。这是借贷双方都同意的，周瑜打黄盖，一个愿打，一个愿挨。债券持有人想要高一点的报酬，他们就愿意（起码是默认）承担多一点的风险。这就是为什么在上个世纪的八十年代，美国的垃圾债券如此疯狂的原因，中国大陆这几年全国各地都在风靡"资本运作"，究其内容，无非是全额返利＋高额红利或是月返百分之五、百分之八甚至或百分之十的资金盘游戏，当然，这种类似"债券游戏"的玩法，最终都是以崩盘告终。

当然，在正规的企业经营中，即使债券发行是合法的，也不保证这些债券持有人在企业倒闭之后都一定能拿回本金，但好消息是，万一公司出了岔子，他并不是最后一个拿到钱的人。

最后一个（可能）拿到钱的人就是：股东。

可是，我们常常会看到媒体报道："企业破产，股东最后一无所有"，这样的情形不算少见。身为"受偿队伍"里的最后一名，当企业出错时就不妙了。可是，当企业经营顺风顺水时，股东们拿到的报酬就比排在前面的人都高。这是因为，股份不同于企业债券或银行债券，股价会涨，市值会放大。一家公司的股份可以涨到什么地步，事先并不知道，其实也没有限制，如果股东有能力在低价时买进，高价时卖出，他的获利当然是相当可观，几倍几十倍甚至或几百倍都有可能。这时，贷款所能收到的，只是当初合约时所定的利息而已。

你会选定在偿债队伍中哪个位置？

你在哪个位置决定了你的风险与报酬。

至于你要选定哪个位置，有三个至关重要的因素：

专业知识

胆识

你有没有钱

如果你的公司决定发行债券，打算购买债券的人可能会想知道：在公司的资本架构层级中还有哪些其他投资人？他们可能不在乎我们要不要把公司的股份全部公开上市（毕竟他们的层级高于股东），但如果你的公司向多家银行借了几笔大钱（银行的位阶高于债券持有人），这些债券投资人的投资意愿就不会那么高。或者，他们会要求拿到更好的利息以弥补可能承担的风险。万一情况不如预期，他们在受偿顺序中仅仅排在第二位。但是比起最后顺位的股东，还是有一点希望的。

一旦所有投资人把钱投资到公司，在我们所提到的资本架构上选好了位置，公司的资金就到位了。这个资本架构让公司里的会计师与其他投资人知道，公司有多少负债、债主是谁、有多少股权流通在外，以及必须准备多少现金可供必要的支出。在这个资本架构中也说明了一旦情况恶化，哪些投资人有优先偿还权，哪些投资人的位置是排在较后的顺位。但是，当一家企业真的厄运降临时，投资人不见得会一定按照剧本走。你可以想象，如果发生特别状况，飞机必须迫降，机上的乘客一定会乱成一团，每个人都会拼命想要脱险。出现麻烦的企业里通常也会发生类似的局面。任何有利害关系的人都会在得知讯息后争抢着要分一杯羹，诉讼满天飞，股东和债券持有人忙着和银行抗争，都想要从企业仅剩的现金当中拿走自己的钱。陷于这样困境的企业，通常都得上法院，由法官来做裁决，或者，法官也可能试着说服各种投资人达成协议。

对负债的处理是金融市场的重要课题

一旦公司上了法庭，它的情形就类似一架迫降的飞机，会被拖进特别的停机棚接受检查。这家公司会被拆解、分析，会计师和律师群会钻进每一个角落，试着判断是什么原因造成这家公司破产、倒闭；他们也会试着找出公司里还有哪些部分可以拯救、变卖或剥离，这样做就是为了保护这些投资人，让他们的损失可以降到最低。

公司的财务报表通常可以提供大量的线索。资产负债表（balance sheet）是一家企业财务状况的缩影，因此，也是其资本架构显现的地方。资产负债表揭示了特定期间有多少钱流入公司，又有多少钱流出公司，这些钱都用到哪里了。资产负债表也清楚地告诉你公司拥有多少现金（销货收入的钱有多少，股东投资的钱有多少），以及这家公司欠了多少债务，都欠谁了。

许多破产案例里显示，破产并不代表这家公司没赚钱，而是代表这家公司赚的钱不够，起码对于支出来讲是不够的。假设一家公司一年可以赚5亿，但如果付不起"贷款的利息"，或者付不起借来的钱，当债主临门时，同样也得破产。

不管是大企业或小公司，就算企业只借了一点钱，一旦还不出来都会造成麻烦。如果债务处理不当，都是会致命的。但是，一旦债务处理得当或许还有起死回生的机会。

所以，可以说企业一旦宣布破产，都是因为资不抵债。但从表面看起来好像是某些问题造成的。譬如当通用汽车（General Motors）和克莱斯勒（Chrysler）2009年宣布破产时，所有人都在骂，小到公司过去遗留下来的"应付账款"，大到这家公司品质不良的汽车，在每一个破产案例中，公司会流干最后一滴血。这肯定不是一开始拟定经营策略时就打算这么做，而通常都是为了扩张市场版图，判断未来的获益情形有可能像目前一样如此美好，或者有可能更好，于是大量举债，结果事与愿违，总之，是"债务"的沉重压力导致的结果。

总之，总之，总之，重要的话要说三遍，这些破产倒闭的企业是被一个凶手扼杀：负债。

雷曼兄弟（Lehman Brothers），就是被庞大的债务搞垮的。该公司破产金额高达6910亿美元，总算也能在美国的金融史上留下一个千古骂名，是美国建国以来最大的破产案例之一。但当人们谈起"雷曼"时，很少会提及它的负债，人们通常提到的是雷曼兄弟及其他华尔街的投行在2003年到2007年间美国景气正热时所做的投资。这些投资是债券的衍生产品，内容十分复杂。事后，每每提起这些投资理财商品，都还会让资深的金融投资者惊出一身冷汗。当时，那些让华尔街为之疯狂的"衍生性金融商品"有一个别名叫"魔鬼家的工具"，有人称它们为"毁灭性的金融商品"。

3

债券到底是什么

债券，其实是贷款的一种方式，简单来说就是未来将支付金额的承诺。事实上，某些类型的证券又称为本票（promissory note），指的是承诺"一定会付款的票据"或"纸本凭证"。

伸手借钱的人是债券发行人（bond issuer）。

掏钱的金主是债券持有人（bond holder）。

债券持有人手上握有借款人的"偿付承诺"。

表面上，债券和贷款契约很像，债券也记载了债券持有人出借的金额、债券的到期日、利率。业界也将支付利息的承诺称为"息票"（coupon）。

贷款和债券在设计上有不同之处。

贷款是如果你公司缺钱，可以去找一家银行经理洽谈，申请贷款，提供抵押品，填写资料只要手续合格，利率谈好就OK了。

但是进入债券市场就比较复杂。

大多数贷款都是一对一，即一位借款人和单一放款人之间的协议，债券则通常涉及"多位放款人"。

如果你的公司想要从债券市场筹得资金，那么你必须进行一系列的

"发债巡回路演"（roadshow）。路演说明会就好像和许多银行经理做公开报告，接着就和每一位有兴趣的经理单独洽谈。差别是，听你口沫横飞、激情四射的演讲后决定要不要借钱给你们公司的人不只是银行，还有各种投资公司、基金公司、私募公司。根据每一位投资人私下透露他愿意借多少钱给你，以及他想要的"价格"是什么（这一点可能会有很大的差异），你们最后就可以了解可能出售多少债券，以及要支付多少利息，这样的流程称为"替债券定价"（pricing）。

开始发行债券了！

一旦我们找到投资人也接受他们提出的利率，行动就可以开始了。出售或者发行债券（issue）。此时，熟悉金融的从业人员会告诉你，这样是在"初级市场"（primary market）出售债券。这指的是债券第二次在公开市场里卖出去。当然每一位投资人都会拿到凭证（像借据一样），上面载明投资人在特定期间内以特定的利率借给我们特定的金额。投资人用以交换凭证的，是拨给我们"特定的资金"。数字等于债券上载明的金额，这个金额我们称之为"债券的面值"（face value）。

投资人可以自由处置他们手上的债券。他们可以持有，可以把债券锁进保险箱，靠债券收取利息，一直到期满为止。或者，他们也可以在所谓的"次级市场"（secondary market）出售自己的债券。

不论是从银行或债券市场拿到资金，我们都必须在"某个日期"支付"某一笔特定的利息金额"。一直到该笔贷款或债券到期为止。如果持有我们的债券或贷款的人决定卖给别人，对我们来说完全没有差别。

虽然我们不在乎买下"债券"的人是谁，但并不代表我们就不用去在乎一开始在哪里发行债券。不管你是个人户还是公司户，要跟谁借钱是很重要的事。比如你可以选择找朋友借钱，但这是有风险的，因为无论借得到或借不到钱，都可能危及彼此的关系（不相信的话，你可以试试）。当然，跟朋友借钱的好处是：利率可能是零。

你也可以去找银行或信用合作社,但这需要时间,也要填好多表格,或许还需要你提供担保品,但无须担心会危及彼此的关系,没有人际关系上的风险。你当然可以申请使用信用卡,但信用卡用起来很昂贵,虽然用起来很方便,其实风险也很大。因为大部分的人用信用卡签账时签个字就完事了,可是到了次月要还款时,都感觉有点后悔。你也可以去找"小额贷款"公司(payday lender),这些地方会提供你短期贷款,允许你在下一次发薪日时再还。透过这种方式可以轻松快速拿到钱,也不会有人际关系上的烦恼。但风险的费用极高。有的人或公司会去找"高利贷",当然,这也是快钱,不过,除非你有"完全准备",否则千万别去碰高利贷,因为它的费用高到会让你喘不过气来,更何况万一你到期还不出钱来时,小心你的手脚会被剁掉。

不过对企业来说,选择"放款人"是重要的课题。其中,银行可能是最佳的选项。但银行一定会设法保护自己,以免到期时别说本金要不回来,有时甚至借款人连利息都付不出来。所以,银行通常都会要求贷款人提供担保物,担保物可以是房产或证券。因为,如果借款人付不出利息或还不了本金,银行就可以接收房产或证券。

另外一个方式是:到债券市场借钱。

表面上,债券投资人要求没那么多,他们借钱时通常不会要求任何类型的担保品。换句话说"债券没有担保"。因此,债券通常称之为"无担保债务(unsecured)"。所以,从债券市场筹资要比向银行借钱容易,但其中还是有一些难题。为了弥补没有担保品这个风险,投资人会要求收取较高的利息。接着,另一个问题是:时间。要面对来自各地的投资人,要和他谈妥债券发行、交易事宜等,无法速战速决。要说服他们同意债券交易的条件,很可能要花上几个星期,甚至是几个月,这对急需用钱的企业,确实是一件头疼的事。

4

杠杆收购

不管是贷款还是债券，这些都是所谓的"债务工具（debt instrument）"，安排起来都不是很容易。当一家公司需要借入的金额愈高，内容也会更复杂。而最复杂的，应该要算是投资人利用所谓杠杆收购买下一家企业时的情况，这种做法简称LBO，基本上就是利用债务（或者称为杠杆）买下一家公司。杠杆收购交易中的投资人可以是一家私募股权公司，也可以是个人，或是一群投资人。他们的投资通常是买下标的企业的部分或全部股权，这些投资人投入的资金通称为"私募股权"。

杠杆收购表面上看起来很复杂。说穿了，就是一群投资人集资后去购买一家运营不好的企业，然后设法让这家公司转亏为盈，最后把这家企业做上市或转手卖掉。

5

私募股权基金

私募股权基金也用同样的方法来处理企业，他们善用"杠杆收购"的方式，并派驻优秀的管理、财务人员进入企业，最后让企业转亏为盈。他们找了一群投资人集资，接下来到银行借出比原始出资额高出好几倍的资金（这叫杠杆）。然后买下标的企业（这叫收购）。完成收购的所有法律流程之后，他们开始整顿这家公司，目标就是要获得更高的利益。最后，在三五年之后卖一个好价钱，在完成"丰收"之后，他们偿还银行贷款，每个投资人的口袋里都获利颇丰，这就是私募股权公司的操作方法。

6

联合贷款

为杠杆收购交易提供资金的银行，通常会要求担保品、特别约定事项以及高额的利息费用。即使这些保障都到位了，杠杆收购的交易金额通常都很大，一家银行是难以应对的。再者，独立投资几亿或十几亿美元可是一场"非常大的赌注"。比较稳妥的做法是找来一群人，这样大家也比较安心。所以，很多杠杆收购案的资金都不只是来自单一的贷款银行，多家放款机构参与进来，这叫"联贷（syndicate）"。

联贷的益处是：某家放款银行不喜欢成为大型收购案的唯一放款人，但他们也不想错失任何可以赚钱的好机会。当收购案变成联贷时，就会被分割成一小块一小块，让放款人挑选，去承担这贷款案中的一小部分。这有助于放款银行分担风险，他们都明白，成为单一放款人的风险极高，因为，万一借款人破产，导致"借款"变成"呆账"，有可能一下子痛失几个亿甚至十几个亿美金，此外，如果只做单一放款，这表示你没有这么多钱可以投资到其他有可能赚钱的机会上，所以，银行通常会做"多元分散投资"。当然，主要还是分散风险。

"联贷"的方式在1990年代末期的华尔街很受欢迎，当时投资银行发现，他们可以成为债券市场的替代品，如果把贷款分成100万美元一份，实际上就变得像证券一样，可以在"次级市场"交易，——如债券。放款人可以任意参与及退出某项投资。而随着联贷产品需求大增后，投资银行开始为各式各样的企业安排贷款。例如，某家企业想要买下竞争对手或涉足亚洲、中国、日本。过去可能很难说动一家银行借给他们全部的资金，而单一放款银行参与这些跨国大案的风险太高，但如果是各家银行联贷，他们就可以分散风险。突然之间，企业发现可以借到资金，他们可以追逐最狂野的事业梦想。举例来说，当时，百事可乐（Pepsi Cola）就从联贷借了100亿美元，在1997年分别投向肯德基、塔可钟和必胜客等速食连锁事业。

再者，我们还需要了解的是，申请企业贷款时很可能附带的是你贷款的利率是固定利率还是浮动利率。

企业贷款和消费贷款不同，消费贷款比如20年或30年房贷，是属于固定利率。固定利率是指从贷款当日一直到贷款到期为止，借款人每个支付期所付的利率都是相同的。反之，浮动利率贷款的利率可以按期调整。

如果一家企业想要壮大自己的规模、扩大自己的版图、实现企业的愿景时，就要做出选择。

- 要出售部分的公司股权？还是要借钱？
- 要发行债券？还是要申请银行贷款？
- 要有担保贷款？还是无担保贷款？
- 要选择固定利率？还是浮动利率？

我们所做的一切选择都很重要。因为不只是各种方法的成本与麻烦不同而已，一家企业选择的融资方式会影响投资人眼中的模样，甚至也会改变公司经营业务的方式。以企业来说，公司里主要的成分是股权和负债。会计师或监理人员对一家公司的评价，关注这家公司在账面上有多少股权、多少负债。

总之，我们必须了解资本架构是如何主导一家企业的一切，它从企业如何吸引投资人的资金，到每天的业务运作，都离不开它的影响，所以，每个选择都攸关企业的未来，值得企业家用心去关注。

THE SAGES

第五章
投资银行秘诀与创投说什么

健全的资本市场是经济繁荣的关键。资本分配得宜，就会造就经济成长。

1
推动经济发展的五大行业

回到探索资本经营的领域。我们先来了解推动经济发展的五大行业:投资银行、创投、私募股权基金、对冲基金、管理顾问。

我向来相信,健全的资本市场是经济繁荣的关键。如果提供资金的人碰上有资金需求的人,然后依照各自的利益做出明智的决策,整个经济和一般的民众都会受惠。资金分配适宜,就会造就经济成长。不过,一定要清楚地规范,让资金的分配做到公平、可预期、令人依赖,当然从事这些活动的专业人士也是规范过程中重要的一环。

以上所提到的这些商业活动,尤其是创投、私募股权基金、对冲基金等是新兴的行业,而且只有二三十年的历史,以目前的成长之快及能见度来看,未来势必会更加透明,也会接受更严格的监督。

当然,近几年来许许多多的经济事件,包括美国的次贷危机引发所谓的国际金融海啸、国内许多上市企业频频出现做假,已经动摇民众对金融体系的信心,大家用合理质疑的眼光凝视着资本市场,所以我们就来了解这些行业的游戏玩法、了解他们的游戏规则,也要了解他们的做法和文化是如何快速改变,才能找出正确的答案。

对冲基金大亨朱利安·罗伯森(Jalian Robertson)和创投巨擘亨利·克雷维斯(Henry Kravis)这些亿万富豪并没有继承家庭的产业,

第五章 | 投资银行秘诀与创投说什么

也没有发明什么新的产品,更没有经营什么大型的企业。但是,他们靠着"创新的投资方法",拿到投资人的钱,替他们创造出高额的报酬,同时,也让自己成为让人敬重的亿万富豪。

他们到底是怎么做到的?

他们所创造出来的行业又是怎么回事?

虽然他们所做的工作是属于商业与金融业最顶级的那一块儿,在全球经济扮演重要的角色,但动作的模式对外人来说仍然是个谜。

仅仅十年之前,"对冲基金"、"私募基金""创投"还是主流媒体很少谈论到的金融术语,如今,却一天到晚出现在各种媒体上。

当然啦,光是前述的五项行业并不足以代表整个商业世界,房地产开发商、会计师、律师、商业银行家、共同基金和法人基金的操盘人,以及政府有关部门的监督者等,都在整个经济活动中扮演重要的角色。

2008年9月开始一直到2009年上半年是全世界商业及金融业史上最黯淡的时期。美国企业有数兆美元的市值凭空蒸发,普通投资大众及专业投资人也赔掉同等庞大的钱,美国经济出现混乱最终影响全世界。

短短几个月,华尔街几家规模最大、最有名望的银行消失不见了,雷曼兄弟、贝尔斯登、美林证券等这几家业务范围广泛的投资银行,不是贱价出售就是破产倒闭,纷纷瓦解。

名列"财富"五百大企业的公司宣告破产,私募股权公司(Private equity firm)所拥有的公司也宣告破产,雪上加霜的是,市场上还传出欺诈案件,对冲基金著名的操盘人柏尼·马多夫,坦承他所掌管的五百亿对冲基金是一场庞氏骗局(Ponzi scheme,即俗称"老鼠会"的诈骗手法。

我们追根究底发现,美国经济崩溃的主因是——"利用债权所吹起的金融泡沫(就是把抵押债权变成证券去募资后,把得到的资金又进行多项投资)被破掉"。

"债权泡沫会形成，不只是因为近年来贪婪与错误决策横行，也因为全美国上下多年来借贷太多、资本太少。而整个美国的金融体系都弥漫着这样的歪风。"

"投资银行大量使用杠杆操作（用保证金或权利金以少量的金额去投资数倍甚至是数十倍的期货、外汇等金融商品）而美国政府庞大的预算赤字，再加上数百万的美国消费大众花费大于存款、大量预支、使用信用卡的习性，使得情况更加恶化。"

2009年6月美国前总统奥巴马做了这样的评论：

"一种不负责任的文化从华尔街到华府，再到社会大众，逐渐生根蔓延。"

投资与投机不会消失，但可以更好

不过，不可否认，经过金融海啸、经济混乱后商业与金融业的面貌开始有所改变，但是其中的关键行业以及其所提供的服务仍然不会变。投资银行和管理顾问公司会开发新策略来为自己的客户创造财富和成长，创投、私募股权基金以及对冲基金正在为自己的投资人寻找赚钱之道，而那些大型的企业则会更努力为股东创造获利。

"这些机构当中最成功的，都极为看重伦理道德"。

他们了解自己的所作所为有其影响力，而且他们非常清楚，如果不顾虑道德层面，不论是主事者个人或群体，最后终将会陷入财务困境。

"举例来说，1990年代初期，许多私募股权公司不设法提高所投资企业的价值，反而过度从事杠杆融资到处并购其他公司，最终由于还不起钱，只能落得关门大吉。"

"1990年代美国科技业一片欣欣向荣时，创投公司投资一些不健全的网络公司，只为了等股票上市后狂捞一把，如今这些创投公司早已不见踪影了。"

经过这些一连串的金融事件后，投资银行和对冲基金操盘人如果冒太大的风险或从事违法行为，最后不是被炒鱿鱼就是锒铛入狱。

"MBA及EMBA终于了解到，必须在学习及教育中强调道德原则高于赚钱。"

"商学院的学生也宣誓，在创造企业佳绩的同时更要看重责任。"

投资银行常被人批评的就是，经营高层领取的薪水和红利高得吓人。但是这些人会领这么多钱，是因为他们有能力向投资人募到资金，还有能力快速又持续地累积资金。投资人是心甘情愿把钱交给操盘者，没有人逼他们这么做，投资人之所以选择支付高额的投资手续费，是因为他们认为，以这些投资专家的精明程度来看，收取高额费用也是应该的。

金融、资本市场是适者生存的行业。

没有产值的人通常无法生存。

有办法创造获利的人就可以获得优厚的报酬。

2
投资银行在干吗

2008年3月15日 星期六

摩根大通银行（J·P·Morgan）的投资银行团队正在分析一家公司的财务资料。

他们考虑收购这家公司。所以周末还得工作。

对投资银行家来说是家常便饭，尤其碰到并购案时，通常会废寝忘食，往往一连好几个周末都要加班。

这项财报的查核工作从周四深夜开始。

那天晚上，摩根大通的CEO杰米·戴门打电话给投资部门各个主管，告知这笔交易，紧接着，高层主管和分析师们纷纷接到紧急电话和通知，每个人立刻动用各种方法，火速赶回工作岗位。

摩根大通投资银行的业务有两位领导，其中之一的史帝夫·布雷克甚至安排了一架包机，从加勒比海飞回纽约。

当天晚上十一点，团队全员到齐。

像这样的交易案总还会有其他潜在的买家，他们当时也在审查同一份财报资料，并决定要不要出价收购，若要出价，又该出多少钱。

就这个并购案，其他有意愿的买家是两家私募股权公司，一家是KKR集团（Kohlberg, Krayis, Roberts&co）另一家是福劳尔斯公司

（J·C·Flowers）。

标的公司（也就是可能被并购的公司），位于纽约的麦迪逊大道，该公司高层主管的办公室内正忙碌异常。

摩根大通的银行家们正努力要确定这家企业账面上的四千亿美元资产，实际上到底值多少，同时还要确认财报上所列的金融产品有多少风险。

分析师和资深银行家们正忙着了解这家公司的"业务"及"财务"状况、分析师根据目前的市价，做了一个评价模型来评估标的公司的资产，也评估如果市场恶化以后可能会产生什么后果。

资深银行家利用脑袋里的知识来判断模型背后的假设是否合理。

按照行业规定，这宗交易案必须百分百地保密，如果一旦走漏风声，可能就会变成股市大震憾，而且还有可能招惹内线交易之嫌，还有可能吃上官司。

不过，还有一个更重要的情况是，收购对象是摩根大通的竞争对手之一——贝尔斯登公司（Bear Stearns）。

这回所面对的不止是时间压力。

不是担心被别的公司捷足先登，而是担心贝尔斯登要是没有人买就有可能被迫宣告破产，如果是这样，势必引发一场全球金融恐慌。

密切关注这笔交易的人，不只是买卖双方的CEO——贝尔斯登的亚伦·许瓦兹，以及摩根大通的杰米·戴门，还有美国当时的财政部长鲍尔森、美联储主席柏克南、纽约联邦储蓄银行总裁盖特纳。

3月16日

摩根大通认为风险太大，决定不收购。

因为贝尔斯登手上的投资存在可能出现巨额亏损，尤其是与房贷相关的投资。

但是，在财政部大力鼓吹之下，再加上美联储保证融资并愿意承担贝尔斯登大约三百亿美元的房贷相关资产，最后促成了这笔收购案。

当时，好多人都松了一口气，认为这笔收购避免了一场金融危机。其实，美国的金融危机正是从这里开始。

美国的投资银行怎么来的？

在南北战争之前，当时有一位金融家杰·库克（Jay Cooke）透过一个销售人员网络，把政府公债卖给散户投资人，用以筹集北军的军费。这是美国债券投资的起源。

1981年美国联邦政府出台一个法令，该法令允许有存放款业务的银行（Savings and loan，S&L，即储贷银行），把贷款转卖给其他金融机构，二十多年后出现的次级房贷危机，始作俑者就是这项立法。

在1981年之前，储贷银行会仔细评估借方的还款能力，因为他们心里明白，如果借贷方违约还不出钱，他们就会倒大霉了，但是新的法令出炉之后，允许银行可以将"放款转卖出去"（连同放款所得的利息一起卖出），于是，储贷银行就没有那么积极去仔细审核贷款了，因为即使借方违约还不出钱，风险也不是由当初的储贷银行承担。

于是，投资银行开始把买进来的贷款，转变成"房贷担保证券"（mortgage-backed security），然后再卖给其他投资人。

1980年代另一项金融创新就是——高收益债券（high-yield bond）俗称垃圾债券，因为都是信用评等较差的公司所发行，收益高，风险也高）。高收益债券是一项很重要的金融产物，因为有了高收益债券，原本在投资人眼中有财务风险的公司，就有办法在公开金融市场上发行债券来筹措资金。

2001年开始，投资银行界开始面对一连串的困境。其中最大的难关就是美国高科技业泡沫化所造成的经济衰退，不仅仅是整个经济反转而下，投资银行可以提供给高科技公司运作股票公开上市的资金也日渐枯竭。

除此之外，网络科技的发达，使得买卖证券更容易、手续费也更便宜，投资银行的股票经纪业务不得不降低手续费。

3

房贷泡沫，越吹越大

2001年经济衰退期间，股票和债券双双走跌，但房价却处于上升的势头。

在投资银行的眼中，美国房地产是一块有巨大获利潜力的市场，因为房价不断上涨，所以房贷违约比例非常低。

投资银行看准这点，加码投资住宅房地产、买进房贷产品，并且大量利用金融工具——例如容易转手买卖的房贷担保证券——积极放贷、大量投资房地产、再加上投机客不断买房，这些因素将房价一路推高，也创造出数百万笔新的房贷业务，让银行可以买入之后加以证券化。

银行是根据一些复杂的模型中评估这些资产和风险，而这些模型的假设基础又是根据房价的历史波动以及房贷违约比例。于是，他们依据（也相信）房价只会涨不会跌的信念，去积极从事这方面的交易。

好景不常，从2006年开始，美国房市开始不依照模型的方向走了。

放款给高风险借款人（信用不佳者）的贷方，开始面临借方违约的情况，于是贷方减少了高风险放款，并将现有借款人的房贷利率提高。然而，房贷利率提高意味着违约的比例会增加，而紧缩放款也限制了一般民众购房的意愿，于是，房价开始快速下滑，支付浮动利率的房贷户（指的是次级贷款人）以及房地产投机客开始出现违约，付不出房贷的人越来越多。

房价下跌的幅度以及房贷违约数量增加的幅度,远高于银行的预估,投资银行忽然发现,手中所持有与房贷相关的证券,竟然高达数兆美元,而且价格不断探底,没多久,银行发现自己所投资的商用房地产价格也开始下滑。

2007年秋天,手中握有房贷金融商品以及债务相关商品的投资银行,开始打消数十亿美元的呆账,认赔了结。

只是,光打消呆账并不能解决问题。

许多银行当初是举债购买那些金融商品,原本是想用借来的钱来赚钱(1元的自有资本可以借到30元),结果是赔了夫人又折兵,反而扩大了亏损。由于银行所持有的债权资产在市场上无人问津,于是价格持续探底,这时,银行的财务稳定性也就岌岌可危。

没有买家,银行持有的投资就无法流通。无法流通,就无法变现。

严重缺乏现金,导致外界开始担心银行可能已没有足够的资金来维持运营。

| 第五章 | 投资银行秘诀与创投说什么

4

金融海啸爆发

2008年3月，华尔街开始谣传贝尔斯登（主要投资银行规模最小的一家）因为小房贷市场很深，处境非常危险。前一年的夏天，贝尔斯登放下的两支"对冲基金"就因为房贷相关投资的亏损而受到重创——这两支基金都买进了房贷担保证券，并且都是使用大量的杠杆融资。也就是说这些证券价格一旦下跌，这两支基金的净值就几乎全部消失。

2008年3月，贝尔斯登手上仍然持有180亿美元的现金，显然要支应正常运营是没有问题。

不过，华尔街银行的运作，靠的不只是现金。

还要靠往来银行与客户的信心。

但是，突然之间，贝尔斯登赫然发现自己失去了这两股力量的信任。

投资人开始赎回基金。

贝尔斯登的现金供应吃紧。

华尔街的其他银行也袖手旁观。

最后，贝尔斯登走投无路，美国联邦政府不得不介入，才会促成贝尔斯登并入摩根大通。

联邦政府的判断是，一旦贝尔斯登倒闭了，整个美国银行体系都可能受到牵连。

2008年9月雷曼兄弟公司（Lehman Beothers）同样面临现金不足以及投资人失去信心的问题，联邦政府却拒绝提供金援。

没有融资管道，也没有任何银行愿意在缺乏美国政府担保的情况下出钱购买，雷曼兄弟终于走向破产一途。

雷曼兄弟涉及的金融交易成千上万笔，规模与盘根错节的程度都远远超过贝尔斯登。

美国华尔街的金融界普遍感受到，如果连雷曼兄弟这么大的投资银行都会倒闭，其他的金融机构想必也很难幸免。

于是，投资银行停止放款，就连最大、最稳健的公司也得不到短期融资贷款。

雪上加霜的是，又传出两个坏消息。

一个是当时全球最大的保险公司美国国际集团（AIG）可能会倒闭。

一个是美国政府不得不接受的房利美（Fannie Mae）与房地美（Freddie Mac）这两家房贷借款公司。

为了避免美国金融体系全面崩溃，财政部长和美联储主席要求国会批准七千亿美元的纾困金，打算用来买下有问题的资产（就是这些资产拖垮投资银行、造成全美信用市场无法运作）。最后，财政部决定用这笔钱投入"问题资产纾困计划"（Troubled Asset Relief Program，TARP），将资金捐注给银行。

财政部长鲍尔森认为美国的九大银行都必须接受纾困，以免主动接受帮助的银行被贴上标签，而且这样也才能协助稳定金融体系。

5

投资银行的运作模式

银行有四大类型：

消费金融银行（retail bank 或称为零售银行）

商业银行（commercial bank）

投资银行（investment bank）

综合银行（universal bank 类似台湾的金控公司）

消费金融银行的主要业务是：承作个人与企业的存放款。

商业银行：主要是提供银行服务给企业，例如借钱给企业，供企业运营之用。

投资银行：主要承作货币市场基金、债券基金与证券化商品的运营。

综合银行：是集消费金融银行、商业银行与投资银行于一身的银行。

投资银行是银行业旗下的一个分支，遵循一套特别的法律架构，在资本市场扮演自己特有的角色。

6

投资银行

投资银行几乎在经济的每一个层面都扮演关键角色,他们是商业世界的中介,也是资金提供者,最近几年甚至成为美国人日常融资的管道。

投资银行受顾于企业与投资人,替他们从事公司、资产、股票与债务的买卖,同时也安排这些买卖背后所需要的融资。

投资银行的每项业务都跟资本市场息息相关。投资银行部门服务的对象是企业、政府与私募资金,协助他们进行重大的金融交易,例如:买卖公司、股票公开上市,或在公开市场发行债券。

投资银行部门的运作比较稳定,因为不做财务杠杆投资,也没有暴露于潜在亏损之中,只是单纯提供服务,只要交易完成,银行就可收到酬劳。当然,一旦经济陷入衰退的时候,不仅成交的金融交易笔数会下滑,潜在客户的数量也会减少。

投资银行分很多小组,处理不同产业、商品。

投资银行部门内部会依照产业与商品来分类,各个阶层的人员都归属于不同的组别,以培养该领域的专业。

产业组别包括:科技业、媒体与电信业、国防与太空、医疗保健业、消费性商品与零售业、金融机构、金融客户(私募股权基金和其他形态的投资人)以及政府。

产品组别则是根据金融交易的种类来区分：合并与收购、资本市场交易（与股票相关的交易）、债券市场交易、杠杆融资、信用风险管理等。

在投资银行里，不同组别有不同的组织文化，主要是根据主管与服务的客户种类而定。

投资银行会透过个人人脉以及有交往的简报来招揽客户，随时掌握相关讯息，做好准备，随时善用且强化原有的人脉。

7
投资银行的工作不是人干的

在投资银行几乎每个人的工作都很辛苦。

投资银行家往往工作时间都很长,通常一周要工作80到100个小时,这意味着从周一到周五每天都要到半夜才能下班,周末即是一整天都在工作。

如果职业是副总裁,大概每周可能工作六到七天,总工作时数则在70小时以上,而且还得常常出差,为了让客户随时可以找得到人,还得常常配合客户的时间,如果不喜欢这样的工作,估计干不了多久。

"最讨厌的部分还不是我必须长时间工作,而是我得随叫随到。"高盛前副董事长洲娜·强森说道。

当然,投资银行的工作是光鲜亮丽的,收入颇丰,但通常得赔上生活品质,放假也得工作,生病了要休病假那是一种奢求。

投资银行的工作忙得像陀螺一样转个不停,除了例行工作要完成外,还得参加一堆社交活动,参加专门为法人客户及个人大户举办的活动。繁忙的工作再加上派对应酬,几乎他们没有时间睡觉。

在投行出人头地的条件

1. 相当聪明。

2. 非常强的沟通能力。

3. 有办法透过一套原理或概念来思考。

4. 具备在同一个市场或资产中看互联网差异之外的能力。

5. 客户导向。

6. 善于解决问题。

7. 动机非常强烈。

8. 愿意共享权力。

愿意共享权力是非常重要的一环。

因为有些业务需要团队合作才能完成。通常在投行工作，衡量一个员工的表现，有很大一部分要看这个人是否跟别人共事愉快。

高盛有一套全方位的考核制度——

只要跟你有工作互动的人都会给你打分数，职位比你高、比你低或跟你一样的人都会给你打分数。

从这套制度可以看出一个人对上对下的关系是否经营得很好。不过，这并不代表你就得容忍其他成员表现平庸或分担那些人的工作。

投资银行每个部门的成功者，都各有不同的特点：

从事顾问工作的人：必须有坚持和耐力。他们的成功主要取决于能否维持正面积极的态度以及讨人喜欢的作风。即使已经工作到三更半夜或者一连好几个周末都在加班也始终如一。

从事销售的人：必须要喜欢整个销售的过程，对财务要有深入的了解，有办法把复杂的投资工具解释得浅显易懂。

从事交易的人：必须好胜心相当旺盛、愿意承担得起风险，在极度紧张与混乱的环境中也有办法胜出。

投资银行的资深人员这样评价：

"刚进入这一行的人要有勇气不怕暴露自己的无知，还要能坦然接受偶尔出现的失败。

许多非常聪明的人就是因为害怕达不到完美而裹足不前。在投资银行业，快速达到B的成绩，通常会比慢工出细活拿到A的成绩让人赞赏，但是有些人却很难适应这一点。"

哪一种人喜欢从事投资行业？

"非常聪明的人，这些人觉得，要表现自己的才能，最好的方式就是跟其他同样聪明、有野心的人一起组成团队工作，从中学习并贡献一己之力。"

"这些人往往每天都狂热于交易，他们喜欢想出新的、有创意的点子，然后推销给客户。

"他们喜欢金融财务，他们对数字很敏锐，他们极度渴望做成交易，他们更渴望看到一笔交易从无到有开花结果。

"他们都是很有雄心壮志的人！

"他们不达成功，绝不罢休！"

随着职务越来越高，需要具备的技能也会有所不同。

"分析师这个职务是属于生产单位，纯净评估是以能否正确无误地生产做为标准，而不是看你有没有思考能力。随着职务越升越高，你就不再是生产单位，而是指挥的角色。"

只要爬到高层的位置，就要开始负责开发与维系客户，策略思考、产品研发，这需要相当频繁地与客户互动，才能打造出长久的关系。

8

师父引进门，候选靠个人

在投资银行业，公司会提供支援与指导，但是这一行可不会有人牵着你手一步一步的教你。要学到专业的技能不仅要靠师傅教导，最重要的还得靠自己从旁观察成功的其他个人。

"在投行里有许多富有经验又专业的资深从业人员，他们的专业技能有25%是靠师傅直接手把手的教导，75%则得靠自己从旁观察学习才能得到。如果被动地期待公司里的前辈会倾囊相援，肯定会失望的。"

创投是干什么的？

"创投是全世界最棒的行业之一。不过，它也像生命中每一件事一样，报酬高，风险也高，可能会让你赔上所有赌注，也可能让你不得不收掉公司，或是开除经营团队。

"如果你不是一个脚踏实地的人，也没有真正好的合伙人和承受压力的能耐，就别做这一行。"

9
创投与创业

创投与创业看似两个不同的领域,但是它们却有密不可分的共生关系。

从商业的角度来看,创业——就是把某个新商品或新点子转变成一家公司。

创投——则是四处寻找有运营计划的创业者或是寻找有可能大幅成长的新创公司。而这些人或公司都急需资金来创业或扩张。

创投者会拿出现金投资一家公司,换取该公司的股权,然后与经营团队共同开发这家公司,几年后再协助将这家公司卖给大企业或直接公开上市。

虽然不是所有的创业都需要创投资金才能创业,但是美国有许多大型企业在创业初期都接受过创投的帮助,例如:微软、苹果电脑、昇阳电脑、星巴克咖啡、亚马逊网络书店及电子海湾拍卖网站等。

尽管创投是新公司背后的推手,但美国人对创业的迷恋才是这个行业兴盛真正的催化剂。

美国每年有成千上万的新公司诞生,几乎每一位新出炉的亿万富翁都是白手起家的创业者。

第五章 投资银行秘诀与创投说什么

每一个美好的创业故事背后，就有数千个连起步的机会都没有就直接胎死腹中的故事。

比起一般靠自有资金成立的新公司，有创投业者资助的公司成功机率比较大，但能够发展成大规模获利企业的，毕竟还是微乎其微。

最早创投的受益者——哥伦布

哥伦布之所以能航行到美洲，就是透过创投资金的协助。

哥伦布是典型的创业者。

他认为开发出一条前往印度的新航路可以获得庞大的经济利益，不过，他需要有钱的人来支持他。

哥伦布需要大笔的金钱买船只、招募船员，给船员吃的喝的，要付的薪水，然后踏上他脑海中所想像的那条航海路线。

但是，葡萄牙和英国拒绝了哥伦布。

哥伦布于是把目标转移到西班牙的斐迪南二世和女王伊莎贝拉（Ferdinand II &Isabella）夫妻，他们后来成为他的金主。

就像很多新公司一样，哥伦布也不是一帆风顺，不过，西班牙皇室的投资还是获得庞大的回报。

10
现代第一个创投公司

第二次世界大战后,美国东岸有一群公司和民间领袖,对新政改革的成效以及美国金融体系能否从大萧条中复原,感到忧心忡忡。

这群人认为第二次世界大战在科技方面的投资,有希望成为种子,可能会孕育出一批带动整个美国经济的新企业。

于是,这群人在1946年成立了第一个非家庭式的"现代创投公司"——美国研究发展(American Research and Development)。因此,美国研究发展公司成为美国第一个向外募款集资的创投基金。

11

创投的两个核心元素

对创投来说,筹钱来投资固然是重点,但是找到值得投资的新公司才是重中之重。

创投的催化剂

第二次世界大战之后,有几个催化剂促成了创新。

其中之一是许多科学家远离欧洲逃离迫害,这些人有点子、有才能、有雄心壮志,最后他们都在美国崭露头角。

另外一个催化剂是1944通过的"军人复员法案"(Serricemen's Readjustment Act),又称为"大兵法案",这项法案补助从战地返乡的美国年轻退伍军人,让他们接受大学教育以及更高层的训练。

有才能的科学家加上受过技术训练的退伍军人,不仅促成新公司百花齐放,也让创投业逐渐成长。

另外一个催化剂是来自于政府间接的影响。

比起其他国家,美国的"破产法"让人比较不惧怕失败(在美国,创业者经营的公司如果倒闭,个人需承担的债务比较少),这个法案等于告诉美国人要勇敢的创业,也鼓励那些曾经创业失败的人有机会可以东山再起。

12

激励创投的力量

收购一家公司时,价格是双方透过协商后的结果,不过大体上还是以这家公司的营收或盈余乘以几倍来计算。

例如,一家公司的获利有100万美元,最后以1000万美元卖出,这意味着,买方付的价格是盈余的十倍。

倍数没有固定的数字,是谈出来的。

1970年代末,倍数是上扬的。

倍数越来越高,使得创投公司投资的资金翻了四番之多。

1970年代,随着个人电脑问世,推动创投业关键力量的新科技开始迅速发展,许多公司开始大量采用科技产品,进而引发新一轮的创新,刺激创投公司有更多的投资机会。

1980年代,大多数美国的创投公司不是在波士顿,就是在硅谷,投资的对象也大多离不开这两个地方。

如今,美国许多顶尖的创投公司已经向外发展,在欧洲、印度、以色列、中国等地都设立了办事处,只不过波士顿和旧金山依然是美国创投业的重镇。

1980年代,创投已经开始崭露头角,但一般大众仍对这一行一无所知，所以创投难以找到可投资的创业者。

1995年，网络浏览器公司"网景"（Netscape）股票首次公开发行（IPO），从此开辟了网络荣景，也开启了接下来五年创投基金呈倍数成长的盛况。

1990年代后，创投投资的科技公司开始飞黄腾达，他们能募集到的资金也越来越多。

有两个因素助长了创投的辉煌。

第一个因素：资讯取得越来越容易，民众很快就得知创投的高报酬率。

第二个因素：可以投资的钱比以前多了。

创投市场在2000年攀到最高峰。

高科技公司的"售价倍数"一飞冲天。

上市科技公司的股价也扶摇直上。

大家开始认为，网络时代还在用传统方式来评价新科技类股实在太落伍了，大家也都认为聚焦于网络的公司有极大的潜力。

于是投资人纷纷把钱投进新科技公司。

有些人是透过私人投资的方式，有些人是直接从公开市场买进科技股。

"很多创投公司的资产在短短一两年之内就翻了好几倍，他们开始相信这种情况一直会持续下去。

"以前，必须是有获利的公司才可以股票上市，但是现在连亏钱的公司好像也能上市了。

"然而这种美好的情况可能长久吗？

"事实上，也真的维持不了多久！"

13

网络泡沫,创投重创

把"基本面"抛在脑后,等到热潮退去之后,那些裸泳的人,就一一现形。

2000年3月,纳斯达克股票交易市场的指数开始暴跌,一个过度膨胀的创投报酬的神话就此结束。

没有获利能力的公司纷纷倒闭,包括连听都没听过的公司,创投公司有很多投资变得一文不值。

"远离基本面,只好以死亡告终。"

1990年代中期之前,上市公司往往都是规模很大而且有获利,因为那时以"获利和自由现金流量"(可以分配给股东和公司员工的现金流量)作为衡量公司价值的关键因素。

然而,1990年代晚期,在纳斯达克上市的公司,有许多实际已经亏损了数百万美金,但是投资人还是深具信心,认为自己投资的这家公司一定会成功。这家公司就是以成为线上玩具销售老大为目标而成立的——eToy.com。

1997年股票上市,上市时公司的财报亏损数百万美元。可是,上市的首日公开交易,股票几乎翻了四倍。股价达到最高点时,公司市值都高达80亿美元。

  2001年,纳斯达克走跌,它的股价也一路下滑,因为已无法再从公开市场或创投那里募到资金。最后,宣布破产。

14

创投运作需要的三大要素

创投的运作需要有三大要素：

第一、投资创投基金的人

第二、创业者

第三、企业或公开市场上有意收购或投资新公司的人

2001年之后，非常杰出的创业者难找了。

"网络泡沫瓦解之后，有能力的人大多不想出来创业，他们宁愿躲在大企业里，不愿意出来冒险。只有经济稳定的时候，创业者才比较愿意跳出安逸的环境。"

2008年到2009年的经济衰退也波及创投业，在这段期间，创投找不到新的资金来源。

尽管如此，创投业仍然很自豪，他们认为自己的投资带动了美国经济的创新。全世界最活跃的创投业在美国，因此大多数新成立的公司也都集中在美国。

"美国的基础建设健全，再加上美国人天生就有创业基因，所以创投在此生根萌芽。创投业推动了美国的创新、就业、价值创造、创造财富。"

第五章 | 投资银行秘诀与创投说什么

15

创投的难处

目前美国最热门的两大创投领域是：**纳米科技和可再生能源**。

美国奥巴马政府曾打算增加保健和另类能源方面的支出，或许能鼓励出一批新的创业家，也能提供资源给创投资助的公司，让他们茁壮成长。

不管是什么新的领域或是什么创新，问题及挑战依然存在。

经济不景气时，创投连退出资本金都很难，更别说要赚钱了。股市低迷的时候，公司很难股票上市，因为，买股票的人变少，再加上市场对公司价值的预估转趋保守，使得有可能收购公司的人也变少了。或许，从理论来说，创投者是可以耐心等待，但是等待越久，投资报酬率就越低。

为了解决退场机会有限的困境。买卖未上市公司股票的平台也就应运而生，而有了创投业者的参与这也大大提高了公信力。

基本上，创投不玩杠杆。创投业者并不需要借钱来投资。

不过，所投资的公司能不能卖掉仍然是关键。创业者就像一个拥有房子的人，他会根据同类房子最近的交易价来评估自己房子的价格。可是，如果市场大跌的时候，过去的好价格对卖方来讲一点意义都没有，这就是创投业者的难处。

"我的房子跟半年前刚卖掉的房子一样好,所以至少应该也能卖出这个价钱吧!"

实际的问题是,一旦市场走跌,买方不可能会以昔日的高价来买进。

创投业也是如此。

既然有可能卖不出去那就暂时别买。

经济不景气时,创投的投资也会减少。

有些专做早期创投的投资人(通常称这种人是天使)会趁着其他创投保守迟疑的时候,大举投资好几家公司。因为,此时投资所花费的成本往往低于经济好的时候,这时创投需要的除了专业知识之外就是胆量。

16

创投的有效运作模式

创投公司会先集资

集资的对象包括：机构投资人、有钱的个人，以及公司内部员工。

这些人把钱投入到某个创投基金，约定好在一段时间内（通常是5年到10年）不变现赎回。

这些投资人就是所谓的——有限责任合伙人（Limited Partners），其所承担的责任比创投公司的合伙人还要小，因为他们没有参与决策。

创投基金的投资过程是一个循环。

创投公司是中间人的角色，介于有限责任合伙人以及需要资金的企业之间。

创投公司通常每年收取2%的管理费，并从获利中先抽走20%（跟私募股权基金和对冲基金是一样的）。

创投公司主要是透过自己和合伙人多年来的人脉，寻找投资机会。因此，主动出击，是能否找到早期投资好机会的关键。

大部分创投公司手中考虑的投资机会非常多，但最后只会投资其中极少的公司。

"如果只是待在办公室里看着别人寄来的商业或运营计划书，你不会有任何优势的,因为你看的东西其他人也在看。"

所以,主动去了解各个产业的情况,你才会知道哪些产业会给你最高的投资报酬。

创投决定投资的十一个步骤:

一、**推荐**:某些曾经合作过的人向创投大力推荐某位创业者(如果是自己送上门的创业企划书,创投公司不见得会认真对待)。

二、**运营计划**:创投公司会要求创业者提供运营计划书供其审阅。

三、**初次会议**:如果创投公司对运营计划有兴趣,会安排与创业者见面。

四、**初步审核**:创投公司开始调查潜在市场与商机。

五、**第二次会议**:创投公司想要进一步了解该公司或点子。

六、**更详细的审核**:创投公司会更彻底地调查创业者和他所提出的计划。

七、**介绍给合伙人**:安排有最后决策权的合伙人与创业者见面。

八、**完成审核工作**:创投公司确定有商机,也确定这家新创公司有能力成功。

九、**拟订投资条件书**:拟订一份文件、列出各项财务协议,比方说创投公司所投入的钱将换得该公司多少股权。

十、**敲定投资协议**:由双方的律师敲定投资协议。

十一、**给钱**:正式将投资的金钱投入这家公司。

要估计一家没有营收或营收很少的公司值多少钱,很不容易,不过创投公司还是得估个价,才能决定所投入的钱要换多少股权。

当然,创投毕竟是有经验的谈判老手,通常会谈出一份对自己最有利的投资,取得最大的掌控权,也要尽量确保投资可以回收。

譬如:创投可能会要求取得"可转换优先股"(convertible

preferred stock）。

这种股票可以让创投在创业者拿到获利之前，先取回自己投资的钱。

创投也可能定下每年的股息政策，董事会有权每年决定要不要加股息，而创投也会谈定"优先偿付条款"。如果公司卖掉，被合并或清算，创投可以先拿回自己投资的钱，外加每年10%的复利计算的利息。

"双方谈判的重点就是估价"。

创投使用的基本估价公式是——

取得的股权＝投资金额÷（投资前的公司价值+投资金额）。

17
创投的名称

创投的名称其实就是创业者打造一家公司所经历的各个阶段：

一、种子投资：一项创业最初获得的资金，这时候，收入非常少或根本没有收入。这个阶段的投资人称为"天使投资人"。他们在"点子尚未完全化为行动就提供资金"。天使投资人很少介入公司的运作或管理。

二、早期投资：新公司已经开始运作，但是从产品开发和销售的角度来看，还处于非常草创的状态。这个阶段的投资人可以拿到公司的"优先股"。

三、后期投资：这个阶段投入的资金是为了因应公司成长所需，这时公司已颇具规模，但通常还处于赤字状态。

四、成长期投资：这个阶段的投资通常是发生于中型企业，它们想募集资金来扩大运营。

五、策略收购或产业收购：这意味着公司已经被另一家公司买下。

这是创投常见的退场方式。可以获利了结，另一个退场方式则是"推动公司股票上市"。

六、股票首次公开上市（IPO）：透过公开发行股票，公司可以在公开股市卖掉一部分股权。

18

创投的投资策略

创投的投资策略,每家公司都不同。

为提高投资成功的比例,各家创投的策略各有不同,有些创投会专门投资某一类产业(例如:软件、生物科技、消费性产品),也可能锁定某一区(例如:硅谷、美国东南部、美国东北部),亦或投资某一个投资阶段(例如:早期或后期)。

如果是锁定早期投资,通常会力求自己是首批法人投资人之一(如果是唯一的首位投资人就更好了)。

有经验的创投业者会说——

"一定要有10到15倍的成长潜力,我们才会投资,因为我们很清楚,投资的公司有很多无法开花结果。""投资一家公司的时候,创投基本上不会预设终点,而是会尽量创造该公司的价值,然后交由市场来决定他们的退场时机。"

评估一项创业投资时会问的四个问题:

1. 这位创业者所解决的问题,真的是难题吗?

2. 这个难题是不是真的事关重大?(如果市场总额只有500万美元,就算能百分之百独占也没什么意思。)

3. 这家新创业的公司是用某种与众不同的方式在解决这个难题吗?(这家公司有没有很棒的智慧财产,例如:专利权,或者是创业者发明了某种别人做不到的东西。)

4. 经营团队是不是非常杰出？

"1997年到2000年，有科技点子或网络点子的二三十岁年轻人要取得资金比现在容易多了。因为当年非常可靠的创投都捧着数百万美元去投资年轻创业者。但是自从网络股崩盘之后，创投业者大多避免把钱投在首度创业者或太爱冒险的人身上，通常他们投入的种子资金要换取25%的股份"。

创投的合伙人会代表创投公司加入董事会。

上市公司的董事会是由商界与民间领袖组成，职责是要替股东看紧权益。

而未上市公司，尤其是有创投投资的新创公司，董事会则是由拿钱出来的投资人组成，通常是5到17人，主要任务是管理自己的投资，并提高公司的获利。

"如果投资的是一家刚起步的公司，创投业者就得卷起袖子跟经营团队一起处理各种大大小小的事，包括找律师事务所、银行、会计师事务所协助！"

"很多创业者没有商业经验，不知道某个东西该花多少钱才划算，也不知道到哪里找最合适的人，这时创投会帮他们调整运营计划，然后花很多时间跟他们研究策略，比如：

1. 如何将新产品上市

2. 如何雇佣人

3. 如何建立团队

协助创业者确认公司需要哪一类的人，需要多少，何时需要。

协助他们组织董事会，并找到独立董事（具有专业能力，不是公司股东，也没有在公司内任职的人）。

创投得协助经营团队从头开始打造公司，而且每天都要忙里忙外。

等到公司越来越大时，就得参与人力资源的决策——拟订薪酬方案，董事会还要设立稽核小组和薪酬委员会。

创投见好就收。

创投赚到很多钱的时候，就是退场。

那时的情况也许是——

1. 投资的公司股票上市

2. 被另一家公司收购

2002年以后，美国绝大部分创投退场的出路是：

"公司被收购"。

安隆公司（Enron）和世界通讯（World com）发生会计丑闻之后，美国于2002年通过"塞班斯法案"（Sarbanes-Oxley Act），以监管上市公司的会计与证券等业务。

"塞班斯法案通过之后，营收少于一亿美元的公司就没有理由公开上市，因为上市的成本高达营收的1%以上。于是，新创公司上市门槛立刻拉高，创投退场的难度也增加"。

通常到了某个时候（大概是营收达到股票上市水平之前）会出现公司一片大好的前景，好到会有人愿意开出超乎想像的收购价码。

"不过，即使公司的营收满足股票上市，有的经营团队还是有可能拒绝上市。这些经营团队把未上市公司经营得有声有色，但就是不愿意公开上市，因为上市必备的条件要遵守（塞班斯法案），要经营好公共关系和股东关系等，这是一大笔负担，而且会耗费巨大的时间成本。"

创投最讨厌的是什么？

"创投最讨厌的就是，看到自己投资的公司露出败象，而你又不能收回投资，反而必须尽力替投资人抢救，救回多少算多少。通常最痛苦的是，你还得跟这些公司高层共事，而他们正是你愚蠢投资决策的受惠者。"

19
创投公司的组成

创投公司的组成多半包括：经理（Associate）、副总裁、总裁以及合伙人，组织结构则因公司大小而有所不同。

如果是中小型的创投公司，有合伙人（有时会叫总裁），还有非合伙人（比如：经理、专员等）。合伙人会做投资决策，分走大部分的投资获利、出任旗下投资公司的董事。经理则是调查研究标的公司的背景，偶尔要陪合伙人（总裁）去参加董事会议，不过只能是旁听，基本上经理就是学徒。

其实，资本金融有很多工作都是从做中学，学中做，逐步跟公司的资深人员一起工作、学习。

所以，可以说创投业是师傅带徒弟的工作，是标准的师徒制。

传统上，专做早期投资的创投都是小型创投，因此经理扮演的角色基本上跟总裁（合伙人）没什么两样，通常有三大职责：

1. 寻找有趣的公司，所以要花时间去接触创业者，到处参观各种商展，阅读大量的产业刊物。

2. 评估企划案。

3. 最重要的是协助经营管理旗下所投资的公司。

事实上，创投的办公室常常不见人影，很多创投公司并没有正式的组织架构，可以说创投本质上是比较独立的。

为了寻找有潜力的小公司，你得单枪匹马去参观各种商场或者到处去拜访一些名不见经传的小公司。

可以说，创投是比较独来独往的行业，你得在资讯不多的情况下做决策，还得常常直接跟创业者沟通协商。因此，"业务能力"至关重要。

创投业就是"以小搏大"，所以更需要业务能力超强、舌灿莲花的业务人才。

"创投公司的员工即使在办公室里也常常有孤寂的感觉，如果自己无法找些刺激的事情来做，肯定就不适合这一行。"

根据一位创投资深合伙人的描述：

"我每个礼拜要看五十个投资机会（也可能是通过电话、也可能上网查询、研究企业的背景），每个礼拜还会听取5家公司的正式提案，最后，大概是一两百家才投一家。

基本上，早餐、午餐都跟有助于找到投资机会的人士共进，有时候连晚餐都是。一开始觉得挺有意思，但很快就疲乏了。"

20
创投成功的条件是什么

"如果你是那种写论文时先拟订时间表，然后再一路追踪进度的人，你就会在创投业表现出色。

如果你是等到最后一个礼拜才开始动笔的人，进了创投业你会很惨，因为你要寻找商机，要评估各家公司，还要协助旗下投资的公司，你的工作会让你忙得昏头转向，所以，你必须做好时间管理。"

在顾问公司和投资银行，找客户是合伙人的工作，在创投寻找投资机会是经理的事。

在对冲基金，投资对象大多是上市公司。

在私募股权基金，不是投资银行把生意引介上门，就是合伙人负责去找。

杰出的创投经理必须能找到足够好的投资机会，所以需要具备的条件是：

1. 能看得到科技趋势。

2. 能主动出击。

3. 能搞定陌生拜访，或是在资料不足的情况下与创业者交手，赢得他们的信任。

4. 有办法辨识他人的才能，评估他们是否能够成功完成从未做过的事。

5. 有能力说服合伙人相信为某一家公司或某个人值得冒险投资。

6. 有科技的天份与投资敏锐的嗅觉。

7. 看得懂财务报表。

8. 对新的产业和科技有所了解。

9. 能够用专业的技术分析传达给合伙人知道。

10. 头脑要精明而冷静，而且胆子够大。

"一个人有没有投资的嗅觉很难一眼就看出来，最好的方式是透过创投的师徒制来培养。"

当然，自负的人不适合从事创投工作。他的工作必须要身段柔软，人际关系一流。

如果创投想投资一家公司，就必须让创业者相信自己对创业的艰辛感同身受，绝对可以助他一臂之力，也就是，创投一定要先了解创业者的生活情况才能打动他。

"如果你想投资一位创业者，而他是投入毕生的积蓄又放弃大企业的高薪来创业，你绝对不可以开着劳斯莱斯去见他。"

就因为这样，创投业有些人即使赚到了大钱，却还是选择开平价房车。

一位成功的业者说过：

"喜欢一点一滴打造出新东西的人才来做这一行，如果只想赚钱就不必了。"

一心只想致富并不是创投这一行的作风，虚心诚意与创业者建立良好的关系才是长久之道。

21

创投的财富靠长期投资与培养

创投可不是可以快速致富的行业。

创投的财富来自长期投资。来自于赢得创业者的依赖,以及善用专业知识来协助好的商业点子变成可以获利的公司。

很多人都以为创投业是可以快速赚大钱的行业,其实根本不是。

如果想要快速赚钱:

第一、到华尔街买卖股票

第二、去做对冲基金

第三、大型私募股权基金

第四、创投

创投和私募股权基金的赚钱之道是要持续很久。你必须长期摆渡在一家企业,要有足够耐心等到很长一段时间过后才会有回报。

一般的合作关系可能长达10年,所以不能中途放弃,不然就看不到开花结果的那一天。

22

创业天堂——以色列

"四个人站在街角……

一个美国人,一个俄罗斯人,一个中国人,还有一个以色列人……

一位记者走向这四个人跟他们说:

'不好意思,你们对肉类短缺有什么意见'?

美国人说:'什么是短缺'?

俄罗斯人说:'什么是肉类'?

中国人说:'什么是意见'?

以色列人说:'什么是不好意思'?"

以色列是一个非常小的国家,人口大约在800万人左右,比起中国的一个二三线城市(江西赣州)还要少,它位于中东唯一不产石油的地区,且整天生活在战争和恐怖之中,周边都是想要消灭他的敌人,然而,以色列却是全世界顶尖的科技大国。除此之外,以色列还是个"创投大国"。

在以色列,我们常说:"It is better to ask for forgiveness than permission"(宁可事后要求原谅,而不要事先请求批准)。一位以色

列的创投业者这样说道,这也是深藏在他们文化里的DNA。

年轻以色列人的梦想,不是成为医师或律师,而是建立新创公司(创业)或进入高科技业工作,这是他们的人生道路。因此,他们的创业密度全球最高。我们曾有机会与以色列的创投公司交流后,才真正明白他们"新创企业"的含意,以及他们为何专注"种子期"和"初创期"的创投公司的运作方式。

这家创投公司大约投资了近50个项目,其中约25%为种子期项目,其它为"第一轮融资"(大约距离IPO还有3至5年的时间)。我问合伙人,这样的投资风险会不会太高?他是这样回答的:"稳赚的公司是赚不了大钱的。

假如有一家公司明年就要上市,你现在投进去可以赚2~3倍,我若投了1000万美元,到了明年,也只有2~3千万美元的回报"。

我们对于所要投资的公司,未来的营业额评估必须要有可能达到1亿美元以上。再者,他们必须至少为我们的"创投基金"赚进1亿美元,由于我们每家公司的股比例在20%左右,所以,当我们退出时这家公司的市值应在5亿美元以上。

同样做投资,他们的预期回报率是10倍。

当然,不可能每个案子都那么成功,但只要超过两个,你就发了。

做过创投的人都会认为这样的目标很难达成,甚至有人也会认为这有"赌"的性质,你必须要精准地预测五年后谁会是百度或阿里巴巴。

对,当然有"赌博"的成份在里面,问题是偏向哪里?赢端还是输面?

这些创投公司的自信心比较高,不是他们的"赌"性强,而是以色列有那样的环境,让一群既聪明、企图心又特别强的企业家在这个生态土壤下茁壮成长。

"明知两点之间的直线距离最短,以色列人还是会找出更短路线",以色列首府特拉维夫市郊高科技企业林立,形成地中海边的"小硅谷"。这里交通繁忙,驾驰车子的人横冲直撞,如果红灯变绿时你没有立即踩油门,后面的车子就会猛按喇叭,他们没有耐心等待,明明知道两点之间的直线距离最短,但他们还是要试着找出更短的路径,或许这就是以色列人的生存之道。

以色列这个国家几乎是靠神力、梦想和血泪,从沙漠中建立起来的。建国当天就开始打仗,到今天仍处于危机四伏的战乱之中。它的国土很小,三分之二是沙子,没有所谓的"战争纵深"。它必须百战百胜,一旦战败一次,有可能就死无葬身之地。但是,让我们来听一听美国波士顿的、巴特利风险投资公司资深合伙人史考特·托宾的预测,他说:"下一个重要的理念,会来自以色列"。

全球各大科技公司与大咖投资人都争先恐后来到以色列。以色列除了初创公司密度是全球最高(总数有3850家,平均每1844个以色列人当中,就拥有一家新创公司)之外,在美国纳斯达克股票交易所的上市公司中,以色列公司的数量也超过整个欧洲所有的上市公司。

23

为什么以色列能做到

以色列不只吸引纽约股市的股民,也吸引到一项对高科技前途来说最关键的要素——创业投资。

2008年期间,以色列每人平均创业投资金额比美国还要高出2.5倍,比欧洲高出30倍,比中国高出80倍,比印度高出350倍。从数据来看,以色列这个只有近800万人口的国家,吸引了将近20亿美元的创业投资。为什么以色列可以做到?有一种解释是说逆境跟需求一样,能培养创造力,其他遭受逆境的区域,如南韩、新加坡以及台湾,也都能创造出像以色列这样亮丽的经济成长记录。但是跟以色列相比起来,这些国家或地区都没有产生创业精神文化,更别提拥有一大堆初创公司。有些人猜测,以色列人就是犹太人,西方人根深蒂固的观念就是犹太人"很聪明"。但是,我们必须明白的是,不管是从基因或是文化上来说,以色列并不是单一犹太民族的国家,这个国家虽然小,却是世界上民族最多元的国家之一。以色列人口不多,却是由来自七十几个不同国家的人民所组成。爱尔兰经济学家大卫·麦威廉说道:"以色列并不是个单一面向的犹太国家,而是由诸多离乡背井的人聚居形成的一神教大熔炉,他们从世界四面八方带来不同的文化、不同的语言和习俗"。

虽然以色列人读相同的祈祷文和同样有遭受迫害的经验,这些可以说是共同点，但是我们还是不明白为什么这群彼此互异的人能够组成一个可运作而且效率又如此之高的国家？是的，以色列的秘密并非来自于个人的才华。很多地方都有人才，绝对比以色列能够提供工程师的人数还要多。例如新加坡的学生在全球科学及数学竞赛都表现非常优异，印度、爱尔兰也是许多跨国企业前去设立分公司的国家。

"但我们不会在这些国家进行关键任务工作"，一位E-Bay的高管说道："包括谷歌、思科、微软、英特尔、电子海湾等许多著名企业，我们严守着一个秘密，那就是我们的生死全仰赖公司以色列团队的工作成效。这可不只是将电话服务中心外包到印度，或是在爱尔兰设立咨询科技服务。我们在以色列所做的，跟我们在世界其他各地所做的不一样"。

当然，以色列的成功还有一个非常重要的因素，那就是这个国家的军事防卫工业，以及从以色列军事防卫产业衍生出蓬勃发展的多家公司。以色列军队难道有什么特别之处，能培养出创业家的特质？虽然以色列全国深深的受到军方的影响，但为什么目前该国的防卫、反恐以及国土安全等相关公司，只占以色列的国内生产总额不到百分之五？我们认为，答案可能就是以色列的企业家精神，这些企业家也恰好象征了以色列这个国家的精神。企业家的精神可以从企业家个人奋斗的故事中发现，他们不只是有才华，还有坚忍的毅力，对权威不断的挑战，以及跳脱世俗框架的勇气，再加上面对失败、艰难的任务、团队工作、冒险和跨领域创造力的独特态度，以色列到处充满了这样的故事。可以说，以色列正展现出特有的经济奇迹。虽然当下的美国仍是全球最有竞争力的经济体，但全世界都普遍感觉到，好像有什么地方不太对劲。

就在2008年全球金融危机爆发之前，许多密切观察全球革新趋势的经济学家就已发出警告："中国和印度是即将淹没我们的海啸"。史丹佛的柯提斯·卡尔森这样预测。

他认为美国的资讯科技业、服务业以及医疗器材业即将灭顶，损失包括"上百万人失业,就像1980年代,大批日本人涌进美国时一样,甚至更惨"。

跟其他国家相比,我们马上就要成为自大自满的底特律。哈佛商学院高健说,"我们当下是在老母牛身上挤奶,就快挤干了!我们还会失去往前奔跑的目标感,我们甚至会失去对成功的热情、野心和决心"。

诺贝尔奖得主罗伯特·索洛博士的研究报告:**"科技创新是生产力和经济成长最根本的源头,事实也证明这是唯一让经济持续发展的方法,而'初创'公司的创新力量更为关键"**。

美国普查局的一份调查报告显示:"美国自1980年至2005年间,大多数的净就业获利(net emploiyment gains)都来自成立不到五年的新公司。若是没有这些新的初创公司,美国的年平均净就业成长率反倒会呈负成长"。分析企业经济的专家兼经济学家卡尔·施拉姆说:**"如果美国想要保住并维持自己在世界上的经济领袖地位,我们就必须把'创业家精神'当成关键的相对优势"**。

企业家精神有很多模式,包括微创业特质(开创个人网上及家庭事业),以及建立专供某块市场的小公司。但是,以色列特别拥有高成长率的创业精神,这些初创公司最后会改变整个全球产业。高成长率的企业之所以出类拔萃,是因为懂得运用个人特殊的人才,从工程师、科学家、业务经理到运营专家,让一个个崭新的概念得以商业化。

初创公司的失败率很高,以色列也不能幸免。但是以色列的文化习俗让他们对于失败有独特的态度,让失败的企业家能够不断的重新回到战场,利用本身的经验重新再战,而不是让自己陷入永远的耻辱与痛苦。

当然,当创业家成功时,他们会革新市场,就算他们失败了,他们仍然会让市场内现有的参与者持续面对竞争压力,因此才会刺激进度。

可以说,创业家精神是让经济"进化与再生"的主要动力。无论政治立场为何,经济学家和商业领袖都慢慢的达成共识:创新才是最好的，或许也是唯一的办法，能够让美国摆脱目前这个经济的困境。

全世界都在寻找创新的关键，以色列自然是他们的目标。西方需要创新，而以色列能做到。要探索这股创业家动力是从哪里来的、要往哪个方向走，该如何保持这股动力？其他国家或地区该如何向这典型的"初创小国"学习，是我们这个时代要学习的功课。

以色列有一个特色叫"chutzpah"。根据犹太学者李奥·罗斯顿对"意第绪语"的解释：一种几乎完全消失的日耳曼斯洛伐克语言，现代希伯来文则从意第绪语借用此字。"chutzpah"的意思是"有胆量、厚颜无耻、放肆无礼、无比的魄力，自以为是再加上傲慢，似乎没有其他语言或其他文字能与其相比拟"。外国人来到以色列，处处都能见到chutzpah，大学生跟教授说话的样子、员工挑战老板的样子、士官质疑将军的样子、平民质疑政府官员的样子。对以色列人来说，这只是平常的行为模式，在他们成长的过程中，不管是在家里、在学校、或是在军队里，以色列人学到有自信是正常的，他们无法接受保持缄默才能活命的道理。以色列人的态度和不拘礼节的程度，也能从他们习惯容忍失败这件事看出来，有些以色列人称之为"有建设性的失败"或是"高明的失败"。大多数以色列投资人都相信，若是不能大量容忍这种失败，就不可能产生真正的创新。在以色列军队中，习惯将训练、模拟，有时甚至是战争中的表现（不管是成功或失败的表现），都视为是中性的。只要能技巧地处理风险，不要鲁莽行事，那么总是能从中学到东西。

2006年一份哈佛大学的研究显示，前一次事业失败的企业家当中，几乎有五分之一的机会能成功打造下一家初创公司。成功率比第一次创业的初创家要高。以色列关于破产及设立新公司的法规上，即便你前一家公司破产了，以色列仍然是中东地区最容易成立新公司的地方，也是全世界"破产重生"最容易的国家之一。不过还有另一个重要的原因就是，以色列人永远非常积极地要找寻下一个商机。

1970年代，电脑仍然主要是由火箭专家和顶尖大学使用。有些电脑的体积大到要占去整个房间甚至是建筑物的空间。能够把电脑摆在办公桌上或家里，这种想法只出现在科幻小说里。不过到了1980年代，这一切都变了，因为英特尔在以色列海法的团队设计出8088晶片，上头的电晶体每秒可以开关500万次（4.77百万赫兹），而且体积很小，能够用来制造放在家里和办公室里的电脑。IBM选择以色列的8088晶片作为第一部"个人电脑"的心脏，开启了新的电脑时代。这也是英特尔的一大突破。与IBM签下合约，英特尔就赢得了微处理器的天下。

从此以后电脑科技就开始往更小、更快的方向发展。到了1986年，英特尔唯一设在国外的晶片厂已经开始制造386晶片，厂房就设在耶路撒冷，处理速度是33百万赫兹。虽然跟今天的晶片速度无法相比，但当时英特尔已经认为这样很强大了。因为386晶片几乎是8088晶片的七倍速。英特尔创始人之一葛登·摩尔预测：电脑产业每隔18到24个月，就能把电晶体的体积缩小一半，晶片处理速度也能增加一倍。这样连续的"对半发展"被称为"摩尔定律"。晶片工业也是因为这项挑战而兴起，推出越来越快的晶片。IBM、华尔街以及各种商业媒体也都跟上这股潮流，他们衡量晶片价值的指标，就是看新型晶片的频率及体积。

以色列和美国之间的文化差异其实很大，所以英特尔举办"跨文化研讨会"来弥补差异。在美国待了五年后，我可以说以色列人最有趣的地方就是文化。以色列人的文化就是不太守纪律，还不满一岁就开始被教育要挑战理所当然的事物，问问题、争辩每件事情、还有创新。穆里·艾登说道，他就是举办这些研讨会的人。他接着又说："要管理五个以色列人比管理五十个美国人还要麻烦，因为以色列人每分每秒都在挑战你的权威，劈头就问你：为什么是你来管我？为什么不是我来管你？"这种无理的情形在以色列司空见惯，这就是以色列能存活在四面八方都是敌人的要素之一！

以色列为何能走到今日的地位，在60年内国家经济成长了50倍，背

第五章 投资银行秘诀与创投说什么

后的故事可不只是因为以色列有独特的个性与风格，以及受过战场历练的企业家特质，或是地缘政治学的偶然巧合而已。这中间包含了政府政策的影响、政策必须和以色列的军队与国民一样具有高度适应力，而且饱经挫折变化的考验。以色列经济史上发生过两次大跃进，两次大跃进之间则是一段不景气和极度通胀的日子。政府的总体经济政策扮演了重要的角色，加速了国家的成长，扭转经济形势，接着又以各种方式解除经济束缚，甚至连政府都没有想到结果会是今天这个样子。

第一次大跃进是在1948年至1970年之间，这段期间的GDP几乎是呈四倍成长，人口也多了三倍，这段期间内以色列甚至还打了三场大战。第二次的经济大跃进从1990年到现在，使这个国家从一个昏昏欲睡的落后地区，转变成为全球创新产业的领导中心，这段时间以色列采取了极度不同、几乎是相反的策略。第一阶段的扩张是以企业化的政府来主导小规模、性质单纯的私人企业，第二阶段则是在政府刺激之下蓬勃发展的私人企业。

不管以色列经济是社会主义还是发展主义或者两者兼具，这个国家前20年的经济发展纪录相当令人佩服。从1950年到1955年，以色列经济每年成长约13%，然后直到20世纪60年代，每年成长率仍然接近10%。以色列经济不只是扩张，甚至可以说是"飞速发展"。一个发展中的国家，正在大幅拉近和第一世界富裕国家的人均财富之差距。

虽然大多数国家经历过经济成长阶段，飞速发展可不是每个国家都有的机会。过去50年间，全世界有三分之一的经济体都经历过成长期，但能达到大跃进程度的国家，还不到10%。不过以色列的经济成长幅度惊人，1950年每人平均收入是美国的25%，到了1970年就增加到60%，这表示以色列在20年内，就把与美国之间的生活水准差距缩短了两倍。

可惜的是，在这段期间，政府完全没有鼓励私人企业发展的政策，而且还相当反对私人利益的概念。当时也有些反对政府的政治人物抨击政府过渡干预经济，而且保持着反对自由市场的态度。假如当年的以色列政府重视这些意见,甚至努力放宽私人投资的话,经济成长可能会更加快速。

　　1970年代,在饱受战争的挫折(1973年赎罪日战争,伟大的以色列军队被杀了个措手不及,最后虽然赢得战争,但以色列人却深感挫折。)之下,英特尔却在以色列设立据点,这样的决定格外令人不解。更令人不解的是,以色列是如何从一个被群敌孤立的小国家,在30年后摇身变成科技高度发展的国家?如果你今天来到以色列,抵达时所看到的机场,肯定会比你出发地的机场更现代化。只要提早几小时通知,就可以设立无数条电话线。全球通手机绝对不会收不到信号。无线网络的分布率就像咖啡店那样密集。因为太容易连接到无线网络,以色列每人平均拥有的手机数量,全球第一。大部分十岁以上的小孩都有手机,房间里也都有电脑,街上到处都看得见最新款的汽车,有美国的悍马车、也有欧洲的Smart小型车。以色列的停车位相当稀少,Smart这种小车所占的空间只有大型车的一半。

　　特拉维夫被CNN理财网站列为"网络世界最佳商业据点"之一。IBM、英特尔、谷歌还有其他科技巨擘也都想寻找优秀的程式设计师,而且他们纷纷涌入以色列追求高科技人才。

　　在1990年代之前,以色列的经济无法充分运用军队环境培养出来的创业家精神文化和创业才干,而且过度通膨的问题一直没有解决,更让私人企业毫无发展空间。以色列的通货膨胀这个问题,直到1985年才开始有人处理,当时的财政部长西蒙·裴瑞兹主导一项稳定经济的计划,该计划是由美国国务卿乔治·舒兹及国际货币基金的经济学家史丹利·费雪拟定。这项计划大幅减少了公共债。限制政府支出,启动企业私有化,以及重塑政府在资本市场的角色。但这还没有帮到以色列制造出活力十足的私人企业经济。

　　要让经济真正起飞,需要有三项额外的因素:新一波移民、一场战争,还有就是初创企业。

第五章 投资银行秘诀与创投说什么

24

创投不只是给钱，也是顾问指导

1980年代，以色列因为缺乏创投资金，因此带来了一些问题。在西方国家，创业投资者的角色不只是提供资金，更是顾问指导，让公司有机会接触到其他投资者、未来的买主、新客户及合作伙伴。也因此，对尚未成熟的初创公司来说，创业投资人才显得弥足珍贵。一个好的创业投资人能够帮助企业家建立公司。

虽然以色列人擅长研发科技，但是他们不懂如何管理公司，建立渠道及行销产品。

从一开始，以色列企业家就必须从全球的角度思考，为几千里外的市场创造商品。但这一来又浮现严重的问题：要如何为市场定制商品？客户距离地中海如此遥远，要如何为他们制造、行销及分送商品呢？

在创投资金还没有进入以色列之前，以色列的创业人士只有两个资金来源：

1. 初创公司可以向以色列工贸部的"科技总监办公室"申请补助金。但是这些补助金对初创公司来说只是杯水车薪，没有多大帮助。1980年代一份政府报告指出，有百分之六十的科技公司虽然获得补助金，却无法持续筹措足够的资金来行销产品，或许他们可以制造出很

127

棒的产品却卖不出去。

2. 以色列的公司也可以申请由美国和以色列两国共同合资一亿一千万美元创立的"双边工业研究发展基金会"的补助，该基金会简称BIRD。该基金旨在支持美国和以色列共同合作的企业，提供他们50万至100万美元不等的补助金。

到今天，BIRD已经在780项计划中投资超过两亿五千万美元，最后促成直接或间接交易，所带来的收入有80亿美元之多。BIRD计划所带来的影响远远不只是营收而已，他们帮助正在急速发展的以色列科技公司，教导他们如何在美国做生意。这些公司和他们的美国伙伴密切合作，在美国租用办公室，派遣员工到海外了解当地市场和当地的顾客群。

到1992年，几乎有60%的以色列公司，都在纽约证券交易所挂牌上市，有75%进入纳斯达克的公司，都曾经接受过BIRD的协助。美国的创业投资家及一般投资人也都开始注意到这点。此时，以色列为了吸引外资成立一个叫"优兹玛"的计划。该计划是由财政部的一群年轻官员提出来的。"优兹玛"希伯来文的意思是"开启"。优兹玛计划的构想是，政府投资一亿美元建立十个新创企业投资基金，每家基金都必须有三方面的代表：训练中的以色列创业投资家、国外投资公司、以及以色列投资公司或银行。同时也会有一笔两千万美元的优兹玛基金，直接投资科技公司。优兹玛计划一开始提供一个约三比二的资金补助，如果某个基金能筹到1200万美元投资新的以色列科技公司，则政府就提供800万的资金给该基金。后来申请者大排长龙，于是提高了标准，创投公司必须筹到1600万美元，才能拿到政府的800万美元。

但是对外国创投公司来说，真正的诱因在于这个计划有可能带来的利益。以色列政府可以得到新基金百分之四十的权益股份，但如果基金成功的话，基金伙伴在五年后可以选择要不要便宜卖掉股份，还加上年利。这表示政府会分担风险,好处却全部分给了投资人,从一个投资人的角度来看,这样的生意简直好到非比寻常。

"很少看到这样的政府对新创公司支持的计划,还附有进场和出场机制"。琼·梅得威说道,"这是以色列创业成功的关键"。真的很少看到有这样的政府计划,在达到初衷之后就退场,而不是无限制地继续参与。

史丹利·柴斯是加州的财务管理人,曾经协助第一批的优兹玛基金募款在加州和许多有钱的犹太人不断开会协商,为基金募得上百万美元。企业家玛家利离开了耶路撒冷开发局的工作,负责管理优兹玛的基金,他说第一批基金大部分都是由那些"心中对耶路撒冷或以色列怀有热情"的人筹来的。玛家利成功拉到的第一个投资机构,是法国保险业巨人敬邦保险(GAN),该公司董事长是法国裔的犹太人,是玛家利有次在飞往巴黎的航班上碰巧认识的。

政府就像催化剂,督促优兹玛计划大步迈进,1992年至1997年间所创立的十个优兹玛基金,在政府基金的协助下,共筹得两亿多美元。这些基金都在五年内被买断或是私有化,今天他们管理将近三十亿美元的资金,协助上百家以色列新公司。结果非常清楚,就如玛家利说的:

创业投资是点燃希望之火的火柴。

THE SAGES

第六章
美国投资银行承销实务

企业到美国上市的主要目的在于市场挂牌后只要有资金需求,可以不限时价、不限次数地通过投资银行融到资金。

1

美国承销商承销方式

企业到美国上市主要的目的，在于美国的市场在挂牌后只要企业有资金的需求，可以不限时价、不限次数地通过投资银行融得资金。既然构建一个长期融资的融资平台，是中国企业选择到美国上市最大的诱因，那么想要确保每次融资都能顺利、成功并能得到高的估值，就必须对投资银行的业务与融资程序有所了解。

一、包销（Commitment）

1. 全额包销（Firm Commitent）

全额包销又称"确定承销"，即发行公司将证券直接授予承销商（或承销团队），再由承销商经由各层级证券商所组成的分销团体（Selling Group），将证券分售给投资大众。由于发行公司在证券公开出售前已能确定获得资金，故称为"确定承销"，而证券发行成败的风险则完全由承销商承担。若采用承销团队承销，则各承销商分别对自己承销的部分负责。**确定承销又可区分为两种方式：第一种是由个别承销商与发行公司议价，称为"协商议价"（Negotiated Offering），另一种则由两个以上承销商以竞标方式取得承销权，称之"投标竞价"（Competitive Bidding）**。

综上所述，确定承销为发行公司将所有IPO股权由投资银行全数买断,再由承销商转卖给代理商(Broker或Dealer)或挂牌后在公开市场卖出。但此种形式多限于多头时期,承销商以赚取承销差价为主要收入。

2. 余额包销(Stand by Commitment)

余额包销在英国又称"老式承销"或"严格承销"(Strictly Underwriting),是指发行公司经由承销商向社会大众招募并接受申请,当申请已经达到相当数量时即宣布停止接受申请,并由发行公司直接将证券分配给申请者,而承销商获得佣金,并承诺在一定期间内将约定部分尚未被社会大众购买的证券,由承销商依约全数买下。在美国,余额包销通常用于新发行、新股认购凭证或新股认股凭证,即股东可以以低于市价购买新股时,倘若发行公司经营业绩卓著且发行折价相当大时,不利用承销商中介仍可销售完毕。但若基于安全起见,发行公司通常与承销商签订"余额承销合同。"主办承销商通常会组成"承销团队"(Underwriting Syndicate),以分散承销风险,而其构成不仅有承销商,甚至包含保险公司、投资信托基金及其他金融机构等。

综上所述,余额包销就是指所有IPO股权由承销商路演后,不足之数再由承销商以自有资金全数购回,降低发行公司发行风险。

二、代销(Best Efforts)

1. 零合式(ALL-or-Non)

在此种制度下,承销商尽最大努力扮演证券分销角色(一般称为"代销"),资金募集成败与风险皆由发行公司自行承担。通常,信誉卓著的发行公司,或发行公司之资金募集并不具急迫性时,采用"代销"方式,可以减少发行公司支付给承销商佣金。反之,若发行公司的经营信誉尚未建立,或是公司正处于急需资金状况下,又无任何承销商愿意承担购置风险时,发行公司只好在不得已情况下,采取此方式筹措资金。

综上所述,零合式代销就是指承销商必须在约定时间内完成全数IPO资金募集,否则,就算有一点差额,也无法完成挂牌作业,募集资金要退还投资人,并且上市公司须再依美国证券交易委员会Rule415、424(b)3以及427条的规定,重新申请挂牌时间。

2. 最低基本量(Part-or-Non)

承销商以"代销"方式分销发行公司的证券,在约定期间,销售额必须达到约定数量,其承销行为才会继续有效,亦即机构投资者虽同意以发行价格购买证券,但销售额未达到约定数量或全部募足时,则不办理手续以取得证券。此种承销方式对于机构投资者购买权益有明确保证,其理由为原先公司的投资计划需要一定金额投入,倘若资本市场资金量不足或者意愿不高,无法募集该计划所需资金最低门槛,投资计划势必被迫中止,原先有意购买者,则毋需缴付款项,借此保障机构投资者的投资权益。因此,在销售期间内,承销商并非实际出售证券之人,而是接受机构投资者的购买登记。在销售期结束后,承销商可统计购买登记数额与证券发行数。若两者差距太大,连约定的最低基本量都未达到时,则取消此次发行并通知各关系人,倘若两者相距不大,承销商可决定自行买入剩余证券,完成承销工作并获得佣金。

三、私募发行

SEC为增加企业募集渠道及时效,未上市公司对资金需求在100万美元以下者,可不经SEC许可,直接委托承销商或证券律师或财务顾问,需找特定机构投资人,达到募资目的。

对特定人发行小额资金,这种方式又称私下募集,即不经SEC许可,发行公司径自向机构投资者募集资金。这是高度工业化国家的企业募集资金重要途径之一。此种方式并不公开,大多数用于债券发行。发行公司与有意购买债券的投资者,直接谈判决定发行价格与发行条件,承销商位居辅助地位,利用其专业能力,担任介绍人或参与谈判事宜。

2

美国承销商价格稳定策略

为使承销能够成功，承销商在股票新上市期间有维护股价稳定的责任，它可在公开市场买卖股票来稳定股票价格，我们称之为"价格稳定操作"。价格稳定操作所持续的时间少则1小时，多则长达1个月。"价格稳定操作"是一种"合法"控制股价的措施，亦即主办承销商须向SEC申报。至于挂牌前操作的方式，有三种常见做法。

一、分配法（allotment）

此种操作方式是由主办承销商通过分配方式，预先建立对证券的需求（又可称为"空头部位"，Short Position），再通过供需双方的力量，将股票价格维护在稳定水平。例如某承销商原本负责承销100000张股票，且也已全数承诺投资者，若主办承销商分给该承销商90000张股票，将使该承销商出现空头部位，必须在市场上购买10000张股票，此举即可增加市场对该股票的需求。

二、绿鞋法（Green Shoe Technique）

另一种有别于分配法的稳定操作技术称为"绿鞋法"（1963年承销Green Shoe公司股票时首度采用）。承销商与公司或原始股东达成协议，当有意承购者的需求量多于承销数量时，承销商可直接向其购买所需的差额。例如承销商可在股票发行后一定期间内，向发行公司按照发行价格再购买该次发行数量15%，作为稳定市场之工具。"绿鞋法"在本质上是因为承销商拥有"超额分配选择权"（Over Allotment Option），其所购买的股票可满足投资人对新股票的需求，产生的利润悉归承销商所有。

三、虚拟交易法（Aftermarket）

承销商尚未决定实际发行价格或条件时，在向SEC注册后，预先对此股票进行预约行为，又由于无实际股票实体，一般又称为"灰色市场"（Gray Market）或"预先交易"（Pre-market）。主办承销商可以利用市场的反应，了解市场需求，并决定较适当的发行价格，避免巨幅涨跌波动。事实上，即使主办承销商对发行公司已进行各种详尽评估与调查，并确定了发行价格，但是外在环境的变化使得承销业务风险仍旧很高。例如1987年美国证券市场大盘下挫时，各投资银行普遍遭受重大亏损，美国证券市场近年来受非经济因素影响而持续低迷，造成各承销商承销风险猛增，而投资银行会利用各种避险工具来避险，其中最常用的是股价指数期货或选择权。

3

投资价值与估值

企业不论是在财务顾问公司带领下执行选择投资银行时的路演,还是在投资银行主导下启动全球性的投资者巡回路演,无非是要将公司的估值拉抬到最高点,达到公司利益最大化为目标。估值的计算方法从学理与实务角度来看则以现金流量定价法(EBIDA)及市盈率(PER)定价法为主流。

在美国,目前市场的行情若以市盈率定价法来谈,保守的起跳基础大致有两种大行规:若企业要私募资金,起跳倍数为最近一年税后利润的3~5倍。若企业要公募资金,则起跳倍数为最近一年税后利润的5~8倍。利润越高,在同样的融资金额下,所增发的股数越少,释出的股权越低。特别注意的是,所谓最近一年是指投资者经过一连串的尽职调查后,在确定给钱的那天为起算日,而不是路演时的最近一年。

一、现金流量定价法

1. 定向增发(PIPE)股价计算

本股价计算采用现金流量定价法:

$$P = CF/CST(r-g)$$

其中,CF/净现金流(EBIDA=益本值=净利润+利息+折旧+摊销);CST——已发行在外的普通股总股数;r——贴现率;g——股利增长率。

例：

准上市公司：年净现金流预估为7000万元，股数为6528万股，贴现率为5.94%，股票分红每年为0，则私募股价（P）为：

P＝7000÷6528÷（0.0594—0）＝18.05（元）（约2.65美元）

公司总价值（CTV）＝2.65×6528＝17299.20（万美元）

2. 私募融资权益

例：准上市公司私募融资计划的融资金额若为1000万美元，则：

私募融资后公司总价值CTV＝1000+17299.20＝18299.20（万美元）

私募投资者占股比率（ISR）＝1000÷18299.20×100%＝5.46%

原始股东占股比率（OSR）＝100%-5.46%＝94.54%

私募增发的股数（PPS）＝6528÷0.9454×0.0546＝377.01（万股）

私募融资后公司发行在外普通股总股数（CST）＝6528+377.01＝6905.01（万股）

私募投资者每股投资价格为（P）＝1000万美元÷377.01万股＝2.65（美元）

3. 市盈率及发行股数与挂牌价格的关系（如下表）

发行后股数	每股股价（USD）	市盈率（PER）	税后盈余（USD）	每股净利（EPS）
69050100	4.70	18.40	17637797	0.255
	6.00		22516337	0.326
	8.00		30021783	0.435
	10.00		37527228	0.543
	12.00		45032674	0.652

（1）发行股数经私募增发377.01万股后变成6905.01万股。

（2）依市盈率评价的相对定价法，市盈率为18.40，股票市场价格每股为4.70美元，与私募投资价格2.65美元相比，中间有2.05美元的让利价差,这是吸引投资者投资的关键。

(3)依据美国股票交易所(AMEX)上市资格与标准规定,每股最低挂牌价格为2美元以上,公众股东400人以上,资产净值400万美元以上,最近一年税前利润为75万美元以上。依据公司财务预测,贵公司除公众股东人数未达标准外,其余条件均已符合转板要求,当期即可向纽约泛欧证券集团申请到美国股票交易所挂牌,在美国股票交易所挂牌交易后,再向SEC申请S-3文档,取得再次公开发行(SPO)身份,并在全球巡回路演后取得融资资金。

(4)为达到美国股票交易所公众股东400人以上及持有100万股以上股数的要求,公司可在国内采取私募——现金增发的方式。

二、市盈率定价法

1. PIPE股价计算

准上市公司:年税后利润为575.76万美元,则:

公司总价值(CTV)=575.76×(34.00÷2)=9787.92(万美元)

准IPO上市公司私募融资计划之融资金额若为1000万美元,则:

IPO投资者占股比率(ISR)=1000÷(1000+9787.92)×100%=9.27%

原始股东占股比率(OSR)=100%-9.27%=90.73%

IPO私募增发的股数(PPS)=1000÷0.9073×0.0927=102.17(万股)

融资后公司发行在外普通股总股数(CST)=1000+102.17=1102.17(万股)

私募股价为(P)=1000÷102.17=9.79(美元)

注:依惯例私募PE为公募的一半。

2. IPO公募股价计算

准上市公司2013年税后利润为742.42万美元,则:

公司总价值(CTV)=742.42×34.00=25252.28(万美元)

准IPO上市公司公募融资计划的融资金额若为3000万美元,则:

IPO融资后公司总价值（CTV）＝3000+25252.28＝28252.28（万美元）

IPO投资者占股比率（ISR）＝3000÷28252.28×100%＝10.62%

原始股东占股比率（OSR）＝100%-10.62%＝89.38%

IPO公募增发的股数（PPS）＝1102.17÷0.8938×0.1062＝130.96（万股）

融资后公司发行在外普通股总股数（CST）＝1102.17+130.96＝1233.13（万股）

公募股价为（P）＝3000÷130.96＝22.91（美元）

3. 市盈率及发行股数与挂牌价格的关系(如下表）

普通股总股数	税后利润（USD）	市盈率	股价（USD）	每股盈余（USD）
12331300	7424242.42	34.00	22.91	0.661
	10000000.00		30.85	0.894
	15000000.00		46.27	1.348
	20000000.00		61.70	1.801
	25000000.00		77.12	2.255

（1）发行股数经公募增发130.96万股后变成1233.13万股。

（2）由于美国市场投资者投资重点为投资企业的未来发展，依市盈率评价的相对定价法，企业2013年税后利润为742.42万美元，股票市场价格每股22.91美元，符合美国股票交易所最低股票交易价格3美元以上的要求。

（3）依据产业群聚原则及企业条件，农业化学类股大部分企业在纽约证券交易所上市，为符合转板条件，最低股价要达到4美元以上，连续3年税后利润总和达到1000万美元，最近两年每年税后利润不得低于200万美元，公众股东持股股数须达450万股以上。当公司符合上述条件后，则可实现转板至纽约证券交易所交易，达到资本运作最终极目标。

THE SAGES

第七章
私募股权公司说什么

杠杆融资可以大幅度提高投资报酬率。

1
"杠杆融资"说什么

私募股权投资的方式是当年由亨利·克雷维斯所创。

亨利和合伙人向投资人募资,并且找出运营潜力尚未完全开发的公司。然后以融资的方式加以收购,主要资金来自于"银行贷款"或是"在公开市场发行债券"。

如果投资最后开花结果,被收购公司的现金流量足以支付贷款或债券的利息。

"杠杆融资"说什么?

杠杆融资意味着利用借贷来提高投资报酬率。

举例:如果某家私募股权公司以一千万元买下一家公司,而私募公司只拿出一百万,其余九百万元都是借来的,等到这家公司以一千五百万元卖掉的时候,它的投资报酬就是5倍(扣掉贷款及利息的成本),也就是说,杠杆融资可以大幅提高投资报酬率。

私募股权公司最重要的部门就是"投资小组"。

"投资小组"由公司合伙人组成,负责决定收购与否。

基本上,投资小组每周都会开会评估各项投资机会,评估重点主要是标的公司的:

第七章 私募股权公司说什么

1. 客户群
2. 成本
3. 竞争对手
4. 运营计划

对于每一家可能的收购案都要开会评估好几次，让负责评估的小组做到万无一失。

大多数私募公司的效率都很低。通常要评估很多笔后才会成交一笔，如果到最后白忙一场往往会令投资小组成员非常沮丧。

"这份工作最讨厌的就是，要追踪你心知肚明已经没用的线索，或者明知最后也只能拿下一小部分股权，还是得去做。"

"做的极其辛苦，然后最后只差0.1元/股而没有买到，或到了最后，对方忽然决定不卖了，就是这份工作最可恨之处。花了好几个月的生命去处理一笔交易，结果什么都没有，非常失落。"

刚开始，私募股权公司只向银行借钱来买公司，而担保品就是买进的这家公司，后来，想收购的公司规模越来越大，私募股权公司须另觅资金管道，于是转向其他金融机构借钱，最后转向公开债券市场。

像KKR这类私募股权公司，都是通过高收益债券，将被收购公司的"债券"转卖给一般大众。当然，如果发行债券公司破产了，那么，持有"高收益债券的人"是最后一个顺位拿到钱的，所以，这种债券的利息必须很高才会有人买，也因为违约风险高而被称为"垃圾债券"（junk bonds）。

2
三大私募基金

1980年代所诞生的私募股权公司，日后都称霸于业界，它们是：

贝恩资本公司：专门投资新创公司，也做杠杆融资收购。

黑石集团：黑石集团的创办人彼特·彼得森曾经在尼克森任职内担任商务部长。

凯雷私募股权集团：专门做杠杆融资与收购。

第七章 私募股权公司说什么

3

2008年金融大风暴的影响

2008年和2009年的美国经济大衰退，让私募股权公司受伤惨重，但是一直要等到这段期间运营的基金完全退出投资、清算结果之后，才能真正看到受伤程度有多深。

私募公司买进的公司比较容易破产。

原因就在于当初买进时所借的钱，必须由那家公司拿出大把的现金来支付利息和偿还本金。

2008年10月，雷曼兄弟破产，信用市场冻结，全美的发债计划都叫停。银行和投资人都不敢再发行和买进融资型的债券，私募公司举步维艰。于是因此衍生出几种新型的业务：

（1）PIPE：是"私人投资股票"（Private Investment in a Public Equity）的简称。举例说明：2008年秋天，"绿色股权投资人基金"认为全食物有机超市（Whole Food）的股价处于低点，于是跟其高层谈妥，以四亿两千五百万美元买进全食物有机超市17%的股份。PIPE跟杠杆融资并购不一样，杠杆融资并购是私募公司以"高于当时股价"来收购上市公司，而PIPE通常是私募公司以"低于当时股价"的价格买进一小部分股权（而且是向公司经营高层购买）。

（2）TALF：是"有资产担保的定期证券贷款工具"（Term Asset-

Backed-securities Loan Facility）的简称。允许投资人可以杠杆融资买进一些有资产担保的证券，这些担保资产包括：汽车、信用卡、教育设施、小生意、设备、商用房地产贷款。

（3）PPIP：是"官方与民间合作的投资计划"（Public-Private Investment Program）的简称。主要锁定投资银行负债表上的住宅与商用房地产。PPIP允许政府动用问题资产纾困计划（TARP）的资金与民间投资人联手买进房地产证券，参与的民间基金可以透过杠杆融资来投资（可以向政府贷款），不必向银行或其他投资人借钱，所以有机会赚到钱。

第七章 | 私募股权公司说什么

4

私募股权的趋势

私募股权公司在2002年到2007年大丰收，使得新成立的中型私募股权公司（资本额2亿到10亿美元）大增，这意味着中型规模交易（五千万美元到两亿五千万美元）的竞争将会更趋激烈，也就是说——"收购价格攀升、投资人的报酬会减少。"

贝恩资本认为，新成立的私募基金不会存活太久，而增加的公司数量也不至于危及大型私募基金的长期发展。

"贝恩认为排名在前四分之一的私募公司还是会屹立不倒，不论基金规模如何，他们仍然保有吸金能力，尤其是对过去曾经从中赚到钱的投资人来说，只要这些私募公司能继续创造价值、遵守纪律就可以存活下去。"

2008年到2009年的经济衰退过后几年内，大约会有20%以上的私募公司会关门大吉。过去绩效不佳，缺乏资金来进行新投资的公司，将无法幸存。

不论未来几年是好还是坏，私募股权公司仍然会是全球金融的一个亮点，他们手上握有超过一兆美元资金可投资，会继续在全球经济扮演重要的角色。

过去几十年来，投资机会已经大幅改变。有很多机会仍然来自公司合伙人职场生涯所积累的个人人脉和公司人脉。不过，私募股权产业的兴盛使得竞争变得更激烈。诱人的公司人人抢着要，于是投资银行逐渐成为私募公司和卖方之间的中介。

5

私募股权公司的工作

　　私募股权公司会进行大量的量化分析，用来评估自己有意收购的公司。由公司的专业经理细心的建构出复杂的模型（他们通常是夜以继日地工作），让资深合伙人评估"收购后可能出现的各种财务结果。"

　　透过这些模型私募公司可以看到未来的销售、贷款利息等等各种可能影响报酬率的变数。

　　模型中所采用的各项数据（例如：未来营收、成本、市场成长率的预估）来自专案经理的研究、合伙人对各个产业的了解、外部顾问的建议等。

　　在拍板投资之前，私募公司可能会花费一千万美元进行审核的工作，包括聘请会计师分析标的公司的财报，聘请顾问分析该产业，另外还得聘请专业的律师。

私募基金对企业的贡献

　　私募公司的很多策略改变了企业的经营方式，成为美国企业仿效的对象。

　　例如，杠杆融资并购公司首创"让经营团队拥有公司竞价股权"，这么一来他们就有动机去创造更高的报酬，今天的上市公司已经普遍采用这种做法。另外，私募公司一些用来评估交易案的"财务工具"，也已经广泛地为其他公司所运用。

  为了达成投资人要求的高报酬,私募公司在跟标的公司的经营团队谈判收购事宜时,除了资金之外,还得端出更多牛肉。因此,很多私募公司逐渐对某些产业与运营培养出更多的专业能力。

  例如:KKR私募集团会拟订"后收购计划",具体规划出收购后百日内的应办事项。贝尔资本则雇佣大批人马专门投入旗下收购的公司。

  私募公司的高层领导人也有了一些改变,为了面对更大的挑战与竞争,私募产业开始吸收更多有企业经营丰富经验的CEO资历及商场高手。

  例如:奇异公司前任CEO杰克·威尔许现在是杜克华私募集团(Clayton, Dubilier&Rice)的特别合伙人,IBM前任CEO葛斯纳现在则是凯雷私募集团董事长。

6
私募公司的收费公式

这个行业一般的收费标准是这样的。

私募公司每年会向投资人收取投资金融2%的费用,外加基金20%的获利。

而共同基金通常只收取投资人投资金额1%以下的费用,获利的部分一毛都不收。

因此,私募基金的投资绩效势必要优于股市,收这么高的费用才有道理。

私募基金的费用结构称为"二与二十公式"(创投基金也是收取20%的"绩效资金")。

举例:

某家私募公司旗下的一支基金总额为20亿美元,获利是:4亿美元。这家私募公司的收费计算是:

管理费:4000万(20亿×2%)

绩效收益:8000万(4亿×20%)

如果私募公司的投资报酬率超高,通常收取的费用还会更高。因为会有许多投资人争先恐后的要求加入,就因为有这样的收费结构,顶尖的私募基金投资人往往也会跻身华尔街的亿万富豪之中。

私募基金的投资通常只有少数几个合伙人在操盘,所以经济景气的时候他们的薪酬非常高。

举例来说:

假如有一家私募公司有50亿美元的基金,报酬率是20%,总共有10位合伙人。

那么,这家公司会拿到:

管理费:1亿美元。

绩效收益:2亿美元。

最后,扣掉薪金、聘请专业人士的费用等开销(大约占总报酬的1/3),剩下的2亿由这十位合伙人平分。怎么样,报酬很迷人吧!

7

私募基金和创投基金的不同之处

不同之处：

"私募股权基金"专门指后期投资以及杠杆融资收购。

"创业投资基金"则是专指在公司早期的投资。

私募股权投资和创业投资在很多方面都大同小异。

相同之处：

私募股权（用杠杆融资收购）和创投一样，都是投资人买进某一家公司部分或所有的股权，不过，他们所采取的买进方法在公开市场行不通。

就技术面来说，两者都算是私募股权（买下上市公司的股权）。

（1）两者都是向投资人集资，有庞大的资金来源，也愿将钱绑在一项投资上好几年。

（2）两者都是主事者，不是服务提供者，跟投资人并没有生意往来，这些合伙人都是挑选专业服务机构配合工作，而不是他们去服务客户。

（3）私募公司和创投公司的合伙人责任就是，让有限责任合伙人（Limited Partners 亦名基金投资人）满意即可，不需要服务任何人。

不同之处：私募基金的投资标的是大型、历史悠久、由专业CEO掌舵的企业，这些CEO或许缺乏创业的本领，但他们是财务与企业经营管理方面的高手。

创投基金则是直接与创业者合作，这些创业者通常都具有扎实的技术知识，但商业经验有限，也不够历练精明。

创投业的风险较大，虽然有可能碰到极成功的投资案，但失败的案子更多。

相同之处：他们都是"高风险、高报酬。"

合伙人负责管理数百万、数千万甚至好几亿美元的资金，如果投资成功，他们就可以获得高达七位数或八位数的薪酬，但如果投资报酬率不佳，他就惨了。

由于合伙人会拿出自己的钱来投资自家公司的基金，所以，一旦投资失利，他们不仅没办法再募集新的基金，就连自己的钱也会付诸流水。

8

私募基金成功的条件

一位资深私募高管归纳出在这一行成功的必备条件：

1. 积极热情、自动自发

"私募公司多半没有很好的培训计划，一旦进入就得马上干活（学中做，做中学）。"

2. 冷静的判断力

"这需要经验（做生意的经验）与一点天赋。要知道你是在说服别人，而不是与别人争辩谁对谁错，要清楚人的判断，有时候，人比项目更重要。"

3. 分析与思考

"有能力分析一大堆复杂的东西，从中整理出可以投资的机会。"

4. 可以看出真相

"看一件事情，不能受自己的恐惧、偏见、期待、欲望所影响。顶尖的高手可以看到事情55%的真相，一般人大概可以看到50%以下，差距就这么小。"

5. 有能力管理风险

"很多人极力要避开风险，但做这一行必须面对风险、接受风险、并要将风险转化成报酬。

把风险内化,然后加以管理,确实需要真功夫。"

你或许会很惊讶,很少很少的人具备以上这些特质。

所以,在这一行真正赚到大钱的人才会那么少。

第七章 私募股权公司说什么

9

私募基金的门怎么进

高薪加上资金，私募公司成为许多人都想进入的行业。摩根大通资深高层主管说道：

"我们的用人标准非常高。我们要找有投资银行或管理顾问背景的人，所以通常会直接打给这些公司，问问他们最厉害的分析师是谁？能到我们这里来接受面试的人都是'聪明绝顶、名校出身、在过去的工作经验中有相当突出表现者。'"

想进入私募公司的人得面临相当激烈的竞争，而私募公司在聘用最优秀人才时压力也不小。

有些猎头公司非常积极，专门找人进入私募基金和对冲基金工作，所以，你要人就必须抢赢他们才行。

一位曾在投资银行任职的人说：

"有空的时候，高盛这些投资银行的员工会从头架构杠杆融资并购模型。这些人一个礼拜工作超过一百个小时，好不容易有空休息还要练习架构模型，而且大多是采用Excel。不是他们想自找罪受，而是因为他们知道如果去参加KKR和阿波罗这些私募公司的面试，一进门就会拿到某一家公司的财务报表，然后被要求架构一个类似的模型。"

THE SAGES

第八章
对冲基金说什么

优秀的投资人可以创造出远高于大盘的报酬率。

1

对冲基金说什么

对冲基金主要起源于早期私人合伙投资的商业模式。十九世纪，想投资上市的美国人，唯一的通道就是购买股票。

这种商业模式逐渐扩大成为公开的投资基金，也就是现在共同基金的前身，在1920年代，这种基金的规模和数量迅速成长，直到1929年美国股市大崩盘为止。1929年华尔街的大崩盘之后，美国政府想办法要对投资人有更完善的保护，于是对公开市场的监督就更加严密。

1930年，美国经济开始复苏，政府成立证管会（Securities and Exchange Commission，简称SEC），规定共同基金必须向证管会登记，并且必须向大众披露讯息，必须透明化。

政府从股灾中学到教训，投资人也学到教训。1914年进入华尔街工作的班杰明，在累积了一笔相当可观的财富之后，在1929年的股灾中赔个精光。

在仔细分析自己过去投资策略的失败之处，班杰明于1934年出版一本书"证券分析"，在这本书里他详细解说一套经过他通盘研究之后的评估证券法。

班杰明的著作为日后的华伦·巴菲特和克拉曼等投资大师奠定了基础。书中强调一个重要的概念——优秀的投资人一定可以创造出远高于大盘的报酬率。

第一支对冲基金

全世界第一支真正的对冲基金是艾佛列（Alfred Winslow Jones）在1949年成立的。

他不只像其他合伙投资一样买进股票，他认为可以透过"买多卖空"的方式，把整个大盘的涨跌起伏给抵销掉。

买多：就是买进股票。

投资人如果认为某一家公司的股票会上涨，也就是会买多。

卖空：就是以市价借进股票再卖掉。

如果这档股票之后下跌，这位投资人就会以下跌后的股价再买进这档股票，然后拿去还给之前借股票给他的人，从中赚取价差（假设一档股票市价20元就是借20元的股票来卖，获得现金；等到股价跌到10元时，拿10元去买进股票，再拿这张去还，所以算起来就是赚了10元。）。

如果这支股票不跌反涨，那么就必须以上涨后的股价买进，这中间的差额处自掏腰包补足。

卖空的投资人"借股票"是必须付利息的，所以空头部分持有太久并不划算。

"对冲基金"的概念看似有优点，但几十年下来，仍然在市场上是属于稀有的基金类型。

老虎对冲基金（Tiger Management）成立于1980年，当时的对手只有索罗斯的基金及另外一个名不见经传的基金，当时投资对冲基金的总额还不到5亿美元。

老虎基金和索罗斯的量子基金一开始都是传统的买多卖空股票基金。

到了1980年代晚期三位全球公认的"对冲基金操盘人"分别是索罗斯、罗柏森和史坦哈特。直到1992年对冲基金名满天下，一般大众才知道这是一种特殊投资。

2

索罗斯和英国央行的对决

对冲基金这一行一直非常低调,可是,当索罗斯的量子基金迫使英国央行让英镑贬值,索罗斯从中狂捞十亿美元后,"对冲基金"终于浮出水面。

1990年,为了对欧洲经济整合贡献心力,英国政府加入欧洲汇率机制,努力维持英镑与德国马克之间的稳定汇率。

可是英国的通货膨胀远高于德国,为了力撑英镑的价值,英国逐渐提高利率来拉抬市场对英镑的需求。这时,索罗斯这些投资人看出英国的现金部位后继无力,于是开始大举放空英镑。

"只要英镑汇率走低,索罗斯这些人就会赚钱。"

可是,这正好与英国政府希望市场买进英镑的政策背道而驰,英格兰银行(主掌英国货币政策的机构)最后不得不于1992年9月15日退出欧洲汇率机制,英镑暴跌,索罗斯的量子基金净赚十亿美元。

索罗斯这次的投资操作特别受世人瞩目,因为全世界从中目睹了对冲基金不仅获利惊人,甚至可以左右一个国家的总体经济政策。

到了1990年代中期,对冲基金已经多达三千家,掌管3000亿美元左右的资金,这个数字确实相当庞大,但是还不到共同基金所操作资金(三兆多美元)的十分之一。

3

对冲基金的种类

一、买多卖空型基金

买多卖空型的做法是：买进看多的证券，卖出看空的证券。

这类基金大多是会做"避险操作"，只是操盘人会依据自己对市场走势的预期而调整多空部位，如果后势看多，可能就会把一半以上的资金投入多头部位，如果后势看空，就会把一半以上的资金投入空头部位。操盘人进行多空布局时，配置的资金可能会超过基金总金额，而且通常不必向外界借钱。

基金公司放空股票时，是把借来的股票卖掉，手上就持有卖股票得到的现金，一直到买进那档股票来结束空头部位为止（买股票是为了拿去还给当初借你股票的人）。

也就是说，不必投入自有资金也能握有空头部位，因此，基金公司的投资额可以超过基金的总额，还不用借贷。

举例：

一支一亿美元的对冲基金可能会有五千万美元的空头部位，放空甲、乙、丙三家公司，同时还有一亿美元的多头部位，作为沃尔玛（wal-mart）、可口可乐及Google。假如这支基金的经理人对这些投资的预测都很准确。放空的股票下跌10%，做多的股票上涨10%，这支基金就会有15%的报酬率。计算方式——（放空的五千万×10%+做多的一亿×10%）÷一亿（因为放空部分是借来的，不算成本）×100%＝15%

其中，放空的部分，下跌代表赚到钱。

所以，这种投资方式也算是一种杠杆操作，而且风险不算高。

二、套利型基金

套利基金是利用某一项资产在不同市场的价差来套利，或是利用两个或多个相关金融商品之间的价差买卖中营利。

因为市场投资人多半会努力寻找套利交易的机会，所以成功的基金通常需要有先进的电脑系统和财务模型，才能在价差一出现的时候马上进行交易，并且找出商品之间的关联性。以下三种情况会出现套利机会：

1. 证券商品和标的物之间有价差（例如，可能转换债券，持有人可以将这种债券换成股票，如果债券和股票出现价差就有套利机会）。

2. 金融商品的价格偏离殖利率曲线（yieldcurve）和信用价差（credit spread）的历史水平（殖利率曲线和信用价差是衡量债券价值的两个指标。）。

3. 从历史资料来分析，不同金融商品之间的价格有数学上的相关性（所以相关性若出现剧烈变化，就有套利空间）。

三、事件导向型基金

这种策略是善用各种会影响个股的事件，例如：企业合并、信用评等遭降级（利用评比机构认为某家公司的财务不如以往），趁机获利。像两家上市公司宣布合并会对这两家公司的股票造成非常大的波动。

但是，公开市场往往会过度反应，把合并案其中一方的股票拉得过高或过低，这时就是"对冲基金"出手的机会。

同理，很多投资人也不希望投资到运营不佳的企业。基金公司有专业知识，知道如何评估体质不佳公司真正的价值，所以他们会低价买进这些公司的公司债，从中获利。

有些买多卖空的基金，例如：SAC基金、英国半人马座基金（Centaurus Capital）也会采取这种事件导向的策略。

四、全球总体策略型基金

这类基金又称为"趋势型基金"。

他们试图找出会改变金融商品总体经济趋势（例如：通货膨胀、失业率、GDP成长率），然后从中获利。

这类基金最主要的投资标的是货币，如果能准确预测出汇率的变化，获利将会非常庞大，就像索罗斯放空英镑、罗伯森、朱利安买卖亚洲货币一样。

五、管理期货型基金

这类基金会投资各种市场，包括金属、大宗商品期货、货币、市场指数。

他们会利用选择权之类的金融工具，买进日元、白金、大豆等不相干的东西。也由于投资如此多样化、不跟股市联动、风险较低。

这种基金会影响大宗物质市场走势，所以属于商品期货交易委员会管辖范围。（Commodety Futures Trading Commission）

4

对冲基金做什么

对冲基金内部的分析师工作,通常和私募基金经理的工作大同小异,都是评估产业趋势、估算公司的价值。如果是锁定股票市场,对冲基金分析师会花很多时间阅读证管会的档案资料(上市公司的财报与运营细节),试图了解各家公司的价值与未来展望。如果是负责汇率和期货市场,就会把焦点放在政府政策的转变,以及总体经济的供需功能。

不管是哪一种分析师,都得彻底检视各种资料,看出别人未见的投资机会。

对冲基金的投资决策多半以非常深入的研究为基础。以老虎基金为例:

老虎基金不只要评估一家公司的运营模式,还得花时间去评估他们的经营团队,同时也要知道企业的高层主管都是什么样的人,他们对自己的公司、产业、资产负债表又有什么看法。他们会去拜访企业,跟经营高层、事业单位负责人见见面、聊聊天,也参加企业的会议、谈谈竞争对手、客户和供应商。

投资决策的好坏,不只会影响基金的绩效,还会影响合伙人的荷包,因为大多数基金的资本有一大部分都是合伙人自己投资的。

第八章 对冲基金说什么

5

对冲基金的收费

绩效越好，收费越高。

对冲基金的收费标准结构是"2与20"，也就是2%的管理费，外加20%的获利提成。

不过绩效特别好的基金，收费也会更高。

有一家叫"文艺复兴科技勋章基金（Renaissance Technologies Medallion Fund）"是收费最高的基金：

管理费　　　5%

获利绩效费　44%

虽然收费高昂，但这支基金的报酬率相当惊人，不仅投资人满意，也让经营团队获利数十亿美元。

2007年，获利前十名的对冲基金，每一支都赚进5亿美元以上。

文艺复兴科技公司创办人詹姆斯·塞门斯（James Simons）则获利28亿美元。

包森基金（Poulson&Co）的约翰·包森（John Paulson）净赚37亿美元。

他们两人在2008年也都各赚20亿美元以上。

6

组合基金——基金中的基金

组合基金是先向投资人募资,然后再挑选各种不同经理人操盘的基金来投资。

组合基金有三个优点:

1. 投资门槛一般比对冲基金低(通常只要25万美元就可以投资,不必非得要100万或更多),因此可以让更多人参与。

2. 投资很分散,较多元。可以避免单一支基金绩效不好就毁掉整个投资的情况出现。

3. 一般人很难评估对冲基金的策略以及基金经理人的绩效好不好,而组合基金的职责就是仔细研究各个基金经理人的投资绩效。

组合基金会收取管理费,通常是投资金额的1%到1.5%,另外每年再从基金获利当中收取5%到20%。组合基金所投资的基金也要收费,所以,所有费用加起来,组合绩效不保证一定会优于股市大盘。

对冲基金所受到的规范相对较小,不过还是得遵守法规,才能免于政府干预。比如:如果是投资大宗商品期货的基金,就必须呈交档案资料给商品期货交易委员会。

如果基金规模超过一亿美元,就必须每季向证管会报告持股内容,而且基金的注资者不得低于一百人,每人投资一百万美元以上,或者,

第八章 对冲基金说什么

最多不得超过五百人,每人投资五百万美元以上。

对冲基金受到规范之所以比共同基金小,背后的逻辑是:比较有钱的投资人应该比较精明老练,他们能准确判断投资某位基金经理人的风险,而共同投资人没有资源可以做这种查核工作。

对冲基金的办公位置通常都安排在一个大空间里,全权指挥投资决策者的位置就在其中。每一张办公桌都有三到九台电脑荧幕,显示股价、企业消息、财务数据。而且没有隔开,交易员可以随时讨论任何交易。

哪些人适合进入对冲基金这一行

在进入对冲基金这一行,光有分析能力还是不够,还得要有高度的商业判断力,才能对股市等市场有充分的了解,赚到庞大的投资报酬。

以下这些条件的人适合进入这一行:

◎ 对特定产业或金融商品(例如货币、期货、债券等)有深入了解的人

◎ 有天分的人

◎ 有特定人格特质的人

◎ 能融入企业的团队合作文化的人

◎ 生活多姿多彩的人

◎ 常识丰富的人

◎ 有解决问题能力的人

◎ 对学习有兴趣的人

◎ 想要长期奋斗的人

一般来说,新人一开始进入公司时,会被分配给资深的同事带,共事个两三年,做一些计划比例和统计,分析很繁琐而且吃力不讨好的工作。但是如果做得很好,升迁速度会非常快,或许有能力的人在三十岁时就可以晋升为总裁。

7

买多卖空的实际案例

这个案例讲的是中航油期权交易的策略改变

2003年年底,中航油期权交易策略改变,将原先做多的买权交易反过来做空卖权交易。这个策略改变的决策人叫陈久霖。

当时陈久霖的职务是中国航油集团副总裁,中国航油集团旗下新加坡上市公司CEO。陈久霖在新加坡可是位家喻户晓的人物,因为他的年薪高达4000万新币,新加坡人管陈久霖叫陈大班。这个大班的称号最早起源于清朝往来的西方商船,商船上的一把手(相当于船长)叫做大班,新加坡人多为清朝移民,所以,大班这个称号一直在新加坡人的口中流传。

陈久霖在新加坡还有一个称号:航油大王。

在陈久霖担任中航油新加坡上市公司总裁之前,这个公司一直处于半停摆状态,几乎就要关门了。陈久霖在1997年靠着20万美元,在以2%进口航油的市场份额基础之上,1998年就提升到了84%,1999年达到了90%,2000年达到了92%。

1999年新加坡最大的华文媒体《联合早报》给陈久霖冠以"航油大王"的称号。2001年中航油新加坡上市公司绝对垄断了中国航油海外进

第八章 对冲基金说什么

口市场，市场份额达到100%。

陈久霖经营的中航油案例被搬进了新加坡EMBA的课堂。

一切都顺风顺水的陈大班，在2003年做出了一个决定，从此改变他的一生。

2003年3月27日，陈久霖收到一份邮件，邮件是中航油贸易部主任纪瑞德发的，老纪向陈久霖建议可以投机期权交易获利。

陈久霖的回答是："如果有利润当然可以"。

"投机期权交易"指的是投机石油期权交易。

陈大班这位航油大王，准备将投机石油期权交易的赌注押在美国跟伊拉克的战事上。2003年2月，美国布什政府就已经做好了攻打伊拉克的军事布局，准备从土耳其向伊拉克发起进攻，美国人的目的是石油，是伊拉克北部储量惊人的油田。为了借道土耳其，美国人向土耳其支付了巨额的买路费，金额是260亿美元。

美国人为了得到伊拉克丰富的石油，编造了出兵伊拉克的各种理由，当然不能公开说抢劫呀！明明是强取豪夺，还得告诉世人美国人是为了维护世界正义，为了维护世界和平。

战争就要开始了！

国际油价的变化也要开始了！

2003年2月中旬，每桶34.5美元的石油到了2003年3月21日已经跌到了每桶24.5美元。这个导火索触到美国人的红线了。美国终于找到动手的正当理由，维护油价，维护美国社会稳定，维护世界和平。美国的航母、飞机、导弹，铺天盖地地直扑伊拉克，国际油价迅速回升。2003年3月28日，国际油价上涨到每桶27.23元。

2003年4月7日，美军攻入伊拉克的首都巴格达。美伊战争让美国再次尝到攻打石油储存国的大量利益，欧美的石油大咖们非常开心，他们终于如愿以偿了。

陈大班闻到了战争与石油的味道，投机石油期权交易应该可以获得相当丰厚的回报。中航油的第一笔期权投机赚到钱了，"做多期权"的中航油从"做空期权"对手的手上狠赚了200万美元的"投机收益"。

陈大班笑逐颜开，没想到赚钱这么容易，这么快，于是允许期权交易员进行更大的交易量，但是，他忽略了中航油石油期权交易的对手是高盛。

陈久霖被200万美元的获益冲昏了头，他也不好好思考高盛怎么会在中航油第一次投机的时候就双手奉上了这200万美元的大红包？高盛可是期权交易的祖师爷呀！

高盛更是欧美最大"石油投机交易所"洲际交易所的大股东，玩石油期权交易肯定是中航油的祖师爷，祖师爷怎么可能输给孙子辈的中航油呢？

陈久霖怎么会想到高盛第一次与中航油交手贡献给出的200万美元大红包只是诱饵，一个更大的圈套正在逐步编制，等待着陈大班钻进去。

作为美国总统的小布什是什么人？为什么要发动这个侵略战争？

小布什的父亲是老布什，他们一家子都是靠买卖石油致富的，小布什攻打伊拉克就是要帮石油商人搞到更多的石油资源，搞到石油资源的最终目的就是赚笔大钱。这就是美国人的思维。

陈久霖也不是个笨蛋，他也在想，高盛明明知道"做空石油期权"会亏钱，那为什么还要做？为什么还会犯错？祖师爷爷犯错？不，一定有文章！

陈久霖进入深思了！会不会中航油第一次做多期权只是瞎猫碰到死耗子？陈久霖立马调查了国际油价的历史资料，查看过去21年的平均油价，即使在第二次波湾战争的油价也没有超过每桶50美元，陈久霖忽然明白了，原来高盛做空石油期权的方向是对的，石油价格肯定不会高的，自己做多，那不找死呀！刹那间惊出了一身冷汗。

第八章 对冲基金说什么

看清楚方向，明白了自己的判断，接下来就是做策略调整。

2003年年底，中航油期权交易策略改变了。陈久霖将之前"做多的买权交易"反过来"做空卖权交易"。

成功不稀奇，稀奇在速度。

中航油的石油期权交易，短短的几天就把做空仓位拉高到200万桶。

有点金融知识的人都知道，做期权交易都需要签约，拥有200万桶空头的中航油部分合约马上要到期了，未来要怎么操作，陈久霖心里也犯嘀咕，自己毫无把握，只有找人帮忙。

陈久霖找到了J·Aron公司。

J·Aron公司在中国的名称叫杰润公司，这家公司是高盛旗下的商品交易公司，也是高盛最赚钱的部门。中航油第一次200万美元的大红包就是这家杰润公司奉送的。精准的说，杰润是中航油期权交易的对手之一。

陈久霖找对手出谋划策不是太大意就是太大胆了。

陈久霖很单纯。他看到的是杰润丰富的衍生性商品的交易经验，他希望通过沟通和了解能够为中航油做空的合约解套。

这难道不是中航油再从杰润的口袋里拿钱吗？找对手请教无异于与虎谋皮，这可是商场大忌呀！

陈久霖为了表示诚意，双方见面时就把中航油的全部期权组合向杰润摊开了，这还包括跟杰润之外的交易对手的期权交易内容。

这可是商场的绝密呀！

相当于向对手展示自己的攻防战略。这可是作战指挥所里的少数人员才知道的机密，对方一旦知道哪有活命的机会？杰润没想到陈久霖送给自己那么大的一个礼物！非常开心，杰润人几乎跳起来了。当即答应协助中航油会提供一份期权组合的重组报告，也就是中航油接下来要如何操作的具体方案。很快,杰润就提出了一份中航油重组整体期权组合的运营计划书。

陈久霖很满意,当下按照这个计划书的指导开始执行。按照对方为自己拟定向对方的攻防战略去执行。

陈久霖忘记一件至关重要的问题。

美国开启战端的目的是什么?

美国攻打伊拉克的目的是什么?

小布什为什么要战事?

答案只有一个——利益。为了石油,为了美国石油商人的利益,小布什是什么人?他们家是做石油生意的。石油不涨价怎么赚钱?

高盛开设洲际交易所的目的,就是要在石油涨价的过程中获利,杰润是高盛旗下的子公司,怎么可能背叛主子去帮助对手中航油做空赚钱呢?

陈久霖做多期权时,从做空对手高盛手上狠赚200万元,这可是美元呀!高盛的表演让中航油傻眼了,这个坑也挖的太深了,高盛就是要让对手自己心甘情愿地跳进来。

等中航油跳进来之后,高盛开始唱多石油,国际油价慢慢上涨。上涨速度不能太快,否则对手会跑掉。高盛可是表演大师。

就在高盛唱多油价的时候,中航油的期权做手却在不断增加做空的仓位,中航油已经出现了580万元的账面亏损了。

陈久霖将中航油的七人风险管理委员会的成员召集到办公室,紧急商讨是否继续交易还是要改变投资策略。而风险管理委员会做出的建议是:"展期"。

"展期"在国际期权交易中的准确用语是"转仓"(switch)。转仓的意思是,自己将之前做空的期权给买回来,之后将原本的合约盘位关闭了，然后改成出售期限更长、交易量更大的新期权。只要有一点期权知识的人都知道，每次"转仓"，一定会造成更大的风险，尤其是做空的期权，因为如果价格上涨，那么转空仓的风险就暴涨，这可是由小赌变成了豪赌。

陈久霖无视油价的不断上涨，决定进行转仓，就像在赌场里的赌客，输钱之后为了翻本都会增加赌注。陈久霖也是一样，为了翻本进一步做空，加大了做空的仓位。

2004年6月，中航油因期权交易导致的账面亏损已扩大到了3000万美元。

陈久霖慌了手脚，又找到杰润，希望杰润真的能帮忙自己解燃眉之急，陈久霖忘了杰润是高盛里面最获利的部门，而中航油做空的对手是高盛，请教杰润如何打败高盛，陈久霖无异于与虎谋皮。杰润只有干掉中航油，才能获取更大的利润，才能在高盛集团里面扬眉吐气。

陈久霖真的迷糊了。他太相信杰润。

在杰润的指导之下，中航油继续加大做空的仓位，开始狂赌，为自己的坑越挖越深了。

屋漏偏逢连夜雨，中航油又出现新的对手——日本三井住友银行，这家银行可是日本顶级的大机构，中航油有高盛这样的对手已经显得力不从心了，再来一个日本超级财团，陈久霖的麻烦够大了。

在杰润的专业理论指导下，中航油持有的期权总交易量已达到5200万桶，中航油每年进口量是1500万桶，很明显，中航油三个月的期权交易已经超过中航油三年的进口总和。

更可怕的是，石油价格21年没有超过50美元的历史记录，在2004年10月被打破了，而且上升的趋势非常强劲。中航油面临的难题是，如果油价只涨不跌，意味着中航油只有一个选择，那就是增加保证金等待石油价格跌下来。

这时，中航油净资产只有一亿五千万美元。

2004年10月10日，中航油到了生死关头，公司账面亏损达到了一亿八千万美元，而公司的流动资金只剩下2600万美元。

油价突破50美元之后，陈久霖完全陷入极度恐慌了。中航油所有能调动的资金都调动到保证金账户里了，而此刻，保证金账户还有8000万美元的缺口。也就意味着中航油已经没有钱来追加保证金了，中航油只剩最后一个选择——愿赌服输，亏钱平仓。

高盛出手了。高盛知道中航油是中国在海外市场的一面旗帜，中国政府不可能让中航油身陷绝境，高盛早就摸透了中航油的底细了，两次重组谈判笑容可掬的杰润代表脸上露出了阴沉，高盛准备下重手了。

陈久霖终于飞回北京，在中航油集团的高层会议上痛哭流涕，恳求集团能够出手相救。

中航油集团如果出资相救的话，油价必须跌下来，否则整个集团就得陪葬。集团提出另外一个方案是跟国际石油公司谈合作，让他们接盘，可是国际石油公司怎么可能接盘呢？当时，全球21家金融机构和跨国石油公司的分析报告，2005年、2006年的价格最高不会超过40美元，明显要低于中航油2004年9月在杰润指导的转仓平均期权销售价格：43美元。

2004年10月26日，日本三井能源风险管理公司正式向中航油发出违约函，催缴保证金。三井能源背后的老板就是高盛。高盛的大戏开始了，他把日本三井推到前台了。

中航油在接到日本三井能源风险管理公司的函件后，在西德州中级原油轻油54.43美元的历史高价位上实行部分平仓。如此一来，以前的账面亏损马上变成了实际亏损1亿3200万美元。到了11月8日，公司再度被迫平仓，又亏损了1亿美元。

2004年12月1日，亏损达到了5亿5000万美元，中航油破产了。

第八章 对冲基金说什么

2004年12月8日，陈久霖被新加坡警方收押了。

陈久霖终于意识到期权投机失败是由高盛背后策划的阴谋。

陈久霖将中航油期权交易的绝密资料交给了对手旗下的杰润，导致让对手暗杀，这可是低级错误呀！

2004年9月，就在中航油第二次转仓期间，日本三井住友银行给中航油发放贷款1480万美元，用于支付中航油欠三井物产旗下的三井能源风险管理公司和高盛旗下的杰润公司的债款。2004年9月，中航油把与上海浦东国际机场进出口公司的一笔1326万美元燃油交易所得，转入到三井住友银行的户头，以此为抵押取得三井住友银行2004年11月发出的1350万美元的信托收据。

一环扣一环，环环相扣是高盛和日本人设下的圈套。

三井住友银行和三井物产是三井财团的两大支柱，而三井住友银行既是三井物产的大股东，也是三井物产开展贸易业务的主要结算银行。高盛是三井住友银行的大股东，三井住友银行是三井物产的大股东，三井物产又是三井能源风险管理公司的大股东。看明白了吧？三井能源风险管理公司的真正大老板叫高盛。

中航油做空期权的第一大对手是三井能源风险管理公司，第二大对手是杰润。而站在他们后面的是高盛。

中航油真正的对手是高盛。

绝密咨询就是期权交易里的生命，陈久霖把自己的生命交给了自己最大的对手。高盛掌握了对手的绝密资料，躲在后台，通过日本人及自己旗下的公司联手将中国的航油大咖推向了万丈深渊。

无论是"做多的买权交易"还是"做空的卖权交易"都必须站在最高点，才能看清事实的真相。

THE SAGES

第九章
本益比说什么

本益比代表人们对公司目前和未来赚钱能力的预期。

1

本益比说什么

提到资本经营就会想到——赚钱。

不过,我们必须明白一个道理:

"赚钱"不等于"有钱"

企业能否赚钱和创造财富之间以"本益比"相连,而"本益比"是由"赚钱承诺"来决定。每一季保持一致性及可预测性,"本益比"就会攀升。

上市企业的CEO,管理经营的重心不能只在赚钱。股东以及收取股票选择权作为奖励的员工,也期望CEO能为他们"创造财富"。最优秀的CEO明白一件事情,就是赚钱和创造财富是透过"本益比"(price earning multiple,又称为P-E multiple,或P-E ratio)相连的。

P是指个股股价

E表示每股盈余——公司为每股赚到多少钱

本益比=P(个股股价)÷E(每股盈余),本益比越高,该公司创造的财富就越多。

"本益比"固然是一个数字(P÷E),可是我们也不要迷失在计算当中。

第九章 本益比说什么

本益比如果等于10，表示股票价值是每股盈余的10倍。很显然，本益比越高，该公司所创造的财富就越高。

基本上，本益比代表人们对公司目前和未来赚钱能力的预期。这个数字反映出"赚钱公式"的竞争力和未来展望（赚钱公式是由预期现金流量、获利率、流通率、资产报酬率，以及有获利的营收成长等要素组合而成）。

本益比并非单纯的猜测，它通常是取决于这家公司的历史纪录，以及投资人对这家公司的管理层有没有能力继续维持"赚钱公式"的信心。

我们都知道，如果公司无法达到赚钱目标，本益比就会随之重挫，公司对现金流量、获利率、流通率、资产报酬和成长的预测能力也会遭到质疑（因为投资人最痛恨的就是事实和预测不符）。另外一方面，如果赚钱的承诺（预期）和事实相符，而且是"可预测的"，那么，公司的本益比也会随之攀升（投资人希望公司每一季都保持一致发生性及可预测性）。

下面的案例有助于我们了解：

过去的20年期间里，可口可乐的本益比一直高于百事可乐。我们都知道，这两家公司的管理者都非常努力工作，公司的形象都相当不错，产品都受到消费者的喜欢。但是过去这20年当中，可口可乐的本益比平均来说，一直比百事可乐高出四个百分点。这表示，可口可乐的股票比百事可乐的股票更受股东青睐。

什么原因造成他们之间的差别？

主要就是因为股东预期可口可乐的现金流量、获利率、流通率、资产报酬、有获利的营收成长等等，比百事可乐的会更好。

即使你的公司没有上市，是私人公司，还是能秉持着同样的原则经营。

上市公司，要受到大众监督，固然要端正纪律。

私人公司，也能设定自己的纪律。

"每天只要做对的事情，就能创造价值。"

我们都必须清楚一件事情——

私人公司通常会遭到收购或股票上市，这时决定公司价值的原则就跟本益比所依据的原则是一样的。

2

本益比是怎么来的

企业的本益比是根据个别投资人和证券分析师的评估,由市场力量决定的。

证券分析师的工作就是判断他们所追踪的公司应该有多少本益比。

如果评估显示,公司的本益比应该高于市场反映的状况,券商通常会买进该公司的股票,反之亦然。如果市场反映的本益比高于证券分析师对于该公司的评估,他们就会卖掉这些公司的股票。

事实上,证券分析师提出的"评估建议"牵涉到相当程度的"个人判断"。所以,许多分析师出现彼此抵触的评估是常有的事,这就是资本市场微妙的地方。不过,他们确实会运用某些"特定的指标",也会做某些"特定的比较"。他们通常会拿这家公司和其他同业做比较,也会拿该公司所属产业和整体市场做比较。

当全世界各地的证券分析师和投资人在对公司股票进行这样的判断和建议时,公司本益比和股价也就跟着出现变化。

在美国,人们常把个别公司的本益比和标准普尔500指数的平均本益比进行比较。(标准普尔500指数《Standard&Poor's500》指的是美国五百大企业股票的综合指数,对美国的整体经济状况具有代表性)。

比如:

标准普尔500在2000年夏季的平均本益比为23，美国汽车产业的平均本益比则为8。我们可以了解到，相对于标准普尔五百指数其他成分股以及整体成分股，投资人对汽车产业的未来绩效较不看好。说得更明白一点，福特汽车和通用汽车的价值，在投资人眼里比标准普尔五百低了65%（8大约占23的35%，所以，福特和通用汽车的股价比标准普尔五百平均指数低了65%）。

近年来，网络公司兴起，但许多网络公司根本没有盈余。没有盈余，怎么评估？

其实，投资人和证券分析师已经把旧有的原则摆在一边，股票交易只能看收益，而不能看盈余，所以，本益比这个名词就行不通了。

网络公司的"倍数比"是根据他们未来十年里能成长得多快的预测。人们的假设是：在网络世界里，只要能抢得先机，公司最终能在其所属的市场中称霸。

第九章 本益比说什么

3
本益比管理说什么

本益比越高，就能为股东创造更多的财富。

只要具备"生意头脑"的CEO都会了解这个道理。而且，这个道理让"赚钱公式"的重要性更加提升。

只要采用正确的"赚钱公式"，公司一定会赚钱。如果企业的管理层持之以恒地执行正确的赚钱公式，本益比自然就会水涨船高。随着本益比的上涨，企业财富创造会更加惊人。

公开上市的企业如果"营收"和"盈余"持续稳定成长，而且流通率并未降低，那么本益比也会随之攀升。如果流通率增加就更好了，股价一旦上涨，股东就会更有钱。

可是一旦公司无法达到预期目标时，投资人会开始怀疑公司能否实现对成长的承诺。这时不光是股价会跌，本益比也会跟着下挫。所以，只要每股盈余无法达成目标，哪怕是只差一点，就会使股东的财富大幅缩水。公司若是成长无法达到预期水平，也会对财富产生同样的打击。

公司价值如果遭到这样突然的改变，肯定会带来相当重要的影响。什么影响呢？

投资大户及投资基金等重要的投资人会立刻打电话给CEO、财务长和公司董事。这些投资人想要了解公司赚钱的情况，如果在一年以内，公司有两年以上无法达到赚钱的目标，投资人就会产生恐慌。

这样的结果就是CEO及公司高层得花很多时间跟投资人说明情况并保证一切都会没有问题，这些公司的高层把力气都花在平复投资人紧张的情绪上，而不是如何经营公司。

其实，如果企业的本益比下挫，这样一来整家企业都岌岌可危，更糟的是，有可能成为其他追求成长公司收购的对象。

当投资银行在搜寻"绩效低于市场的公司（underper forming company）雷达上，发现适合的标的时，可能会说服另外一家企业逢低承接。他们在收购后，就会立即着手改善这家企业的绩效。"

绩效一旦低于市场的公司有被成为收购的标的。企业一旦被收购是相当悲惨的事。

1990年代中期，AMP（全球最大、最受敬重的缆线连接器制造商）还是如日中天。该公司是业界老大，所生产、出售的产品都是属于成长型的产业，比如电讯和电脑业。

可是，AMP却偏离了"赚钱的基本要素"，它的获利率、成长率、流通率节节下滑。接着，本益比也跟着下挫。

1998年，AMP不但失去了昔日老大的地位，而且还沦为被并购的标的。

泰可公司支付AMP下跌后股价两位以上的价格后，开始着手解决AMP公司内的根本问题。包括人力资源（CEO及所有管理人员）的大幅度调整。泰可只花了一年的时间，就为AMP省下10亿美元的成本，获利率及流通率也都有显著的改善，顺利回到成长的轨道。

泰可的本益比和股价因为这个收购案的成功而双双攀升。

现在，回到你们的公司。

找出你们公司的本益比，把这个数字跟同业、跟标准普尔500的水平做个比较。

然后，花二三分钟想一想：

你跟公司的管理层有没有集中心思在持续有获利可预测的成长上？

有没有努力保住现金流量的来源？

有没有努力改善获利率？改善流通率？并使得资产报酬率得以每一季都获得提升？

所有以上这些焦点综合起来的表现，有没有优于竞争对手？

跟标准普尔500企业的表现比起来有没有比较好？

如果你的答案是肯定的，那么，你就不必太保守，大可采取主动出击。当然，有机会还可以寻找收购的标的。

这样的企业，不但可以留住优秀的人才。

更可以吸引其他顶尖的人士前来投效，

所有公司的人员都会为这样兴盛的企业服务，感到无比的荣幸。

或者，再换另一个角度——

你们公司的绩效一直低于市场水平？

你们公司的经营偏离了赚钱的基本要素？

你们公司的本益比是否因此开始低于竞争对手以及标准普尔500企业？

你公司的老板和同事是否因此而感到惊慌？还是他们在逃避现实？

你们公司的本益比跟竞争对手比起来可能比较高，可是跟所属产业之外的企业比起来可能又非常低。这表示什么意思？这样可以解读为人们认为你们这个产业已没什么成长空间，你当然可以不接受这样的预测，甚至可以挑战它！毕竟，当初，西尔斯百货在哈佛大学的殿堂里公开认定美国的零售业已不可能还有成长的空间时，沃尔玛百货却在这样一个低成长的市场里，站起来挑战这样的评论，创造了绝佳的市场价值。

所以，提问是一个聪明的行为。

多问企业的管理层一些问题，然后勇敢地为这些问题与他们一起努力找出答案。

THE SAGES

第十章
管理顾问公司说什么

优秀的顾问公司必须有办法适应市场环境的改变。

1
管理顾问公司说什么

1926年,芝加哥大学会计学教授詹姆士·麦肯锡(James Mckinsey)成立一家公司,为其他公司提供财务与预算规划服务,麦肯锡顾问公司(Mckinsey & Company)由此诞生。今天,麦肯锡已成为全球最知名的管理顾问公司。

1963年布鲁斯·汉德森(Bruce Henderson)离开西屋电器公司掌管波士顿存托公司(Boston Safe Deposit and Trust Company)新成立的顾问部门。他掌管的部门因为对企业的成长、衰退和竞争有独到见解而声名鹊起,最后壮大成为波士顿顾问集团(Boston Consulting Group 简称BCG)。

多年来,BCG的洞见已经被许多同业采纳,并且运用于顾问分析中,BCG首创"经验曲线",这套理论指出,商品的制造成本会随着投产时间日久而递减。

另一个很重要的洞见是"成长/市占率矩阵"(growth-share matrix),这个评量工具适用于有多项产品的公司,以现金使用率和现金创造能力为评估。最有价值的产品线被称为"明星"(指的是成长快速创造最多现金的产品)。随着市场日益成熟,明星产品通常会变成"金牛"(指的是创造很多现金收入,但成长不再快速)。如果是成长低,也没有创造很多现金收入的产品,则称为"失败品",这类产品应该淘汰或改进。"问号产品"则是成长快速但并未创造大量现金的产品。

成立顾问公司几年后,布鲁斯·汉德森返回母校范德堡大学(Vanderbilt Universityh)时认识了比尔·贝恩(Bill Bain)。两人相谈甚欢,比尔加入了BCG,之后逐渐成为BCG最具洞察力的顾问之一,并且与客户发展出很密切的关系。

1970年代初期,BCG的业务重点只是替客户写写报告,贝恩对此不以为然,他希望创造一个更以成果为导向的管理顾问公司。

1973年,比尔·贝恩和其他六人一起离开BCG,在波士顿百家公寓成立贝恩策略顾问公司。这家公司另辟蹊径,寻找的对象都是"愿意接受剧烈改变"来提高公司获利的高层经理人。不同于麦肯锡和BCG,贝恩公司在一个产业只跟一家公司合作,这样客户才能获得真正的竞争优势。这套运营模式最后证明是有效的,因此,客户群开始扩大。

不论对内还是对外,比尔·贝恩对自己做生意的方式极为保密。1987年《财富》杂志一位作家称呼贝恩的公司为"顾问界的KGB"(KGB为苏联的情报机关)。贝恩公司不打广告,完全靠客户推荐与口碑来获得客户。

1980年代和1990年代,有好几家顾问公司出现,这些新公司包括LEK顾问(LEK Consalting)、帕森农集团(Parthenon Group)、卡然巴哈顾问(Katzenbach Partners)。

当然也出现"独行侠企管大师"。

瑞姆·夏蓝(Ram Charan)他从未在大型顾问公司工作过,但是却能得到企业CEO的信任。基本上,夏蓝经营的是"一个顾问公司",他已经出版十几本书,可以说是企管大师。

2

管理顾问公司的种类

顾问公司有各种不同的种类,例如法律、金融、财务、资讯科技,只有一些是真正专经管理,不过其中的界线比较模糊。

一般来说,与企业董事长、CEO共谋经营策略是最吸引人的一种,因此许多顾问公司都想定位为管理顾问公司,贝尔·麦肯锡和BCG显然已经是市场上三大管理顾问公司。

不过,博思艾伦(Booz Allen)和埃森哲这几家大型顾问公司以及其他锁定特定产业的"精品"顾问公司,也有提供策略方面的服务。

博思艾伦顾问公司传统上是专门锁定制造流程与运营,另外也提供服务给国防产业和美国政府。

埃森哲是目前全世界最大的顾问公司,主要锁定资讯科技业。这家在纽约证券交易所挂牌交易的公司,年营业额超过250亿美元。

2008年经济衰退之前,顾问公司就开始面临投资银行的介入竞争。投资银行从资本市场的角度想出一些策略来招揽客户,例如:实施库藏股(企业在公开市场买回自家公司的股票,这么做通常是希望减少股票流通,以便提高股票在公开市场上的价格)。

投资银行这么做的理由是,他们算准了企业高层主管的薪酬与公司股价息息相关。

3

新兴市场——管理顾问公司的目标

优秀的顾问公司,必须有办法适应市场环境的改变,顾问业必须把服务的触角扩及新兴产业。

比如对冲基金、私募基金,他们都创造出新的业务,并且扩大了服务地域。一位业界资深专家预测:

"私募基金是一股不可小看的经济势力,而且还会持续很长一段时间,而全球化的趋势已经出现好一阵子了,中国、印度,甚至非洲某些国家,都会越来越重要。"

麦肯锡前全球执行合伙人朗·丹尼尔(Ron Daniel)指出:"现在的中国就像过去的美国一样发展迅速,只有分析能力优秀的通才型顾问,在那里就会成功(前提是会讲中文),不需要在特定领域有特殊才能。可惜的是,在美国,麦肯锡目前已经没有什么通才,而且这些少数的通才一定要具备非凡的解决问题能力才行。我常说现在在麦肯锡,通才是难度最高的一项专业。"

在美国,企业越来越精明,他们要求的服务越来越专业。

只要全球经济成长,管理顾问业就会成长。企业和金融业仍会继续面临挑战重重的难题,也仍然需要依靠有能力、有经验、有专业知识的外部顾问,只要管理顾问公司有办法雇用一流人才,然后有效地加以培养、指导,他们的服务仍然是市场所需。

4
管理顾问公司做什么

简单的说，顾问就是可以雇来用的智库。

管理顾问公司提供的服务是——

"为客户解答重要的商业问题"。

客户在哪里？

一个顾问案称为一个case。

一个case产生之前会先有个销售过程。

新的case可能是从旧顾问案衍生出来的，也许是客户那边的高层主管直接提出，也许是顾问公司在开会过程中发现的问题。

如果要争取新的客户，顾问公司合伙人会利用自己的人脉，安排初步会议和潜在客户开会，说明自己可以替他们引进何种价值。对大型顾问公司来说，绝大多数的新业务还是来自原有的客户。因为他们过去替客户做的工作令他们满意。

顾问公司必须先替潜在的客户完成某些工作（免费服务），然后客户会依据这些初步的工作来挑选合作伙伴。事实上，即使《财富》五百大企业有时还会雇用顾问来担任军师，请他们负责管理企业与顾问公司之间的互动。

5

顾问公司如何处理案件

一支顾问团队开始运作之后,头几天的工作是必须了解客户这家公司,以及有待解决的问题是什么?团队成员会先看看以前几个case的简报(如果过去曾经服务过这家公司),从自家的知识管理库中寻找相关的资料,并且利用分析师的报告、新闻和财报,尽快对客户有个基本的了解。

公司聘请顾问的目的都是为了提高获利,所以大多数case的重点都在"增加营收、削减成本",换句话说就是改善生产设备、评估客户可能开发的新市场降低成本、调整人力资源的分配,甚至可能会评估合并案的可行性。

如果是私募股权公司委托的case,跟一般企业的需要截然不同。私募股权公司想知道自己打算收购的那家公司的基本情况:

1. 市场动能如何
2. 客户是哪些人
3. 有多少扩张空间
4. 竞争力如何
5. 未来五年的营收如何

纯粹的策略顾问案，常常被认为是最具智力挑战的case，不过真正高难度的任务（对客户来说也是收获最大的），通常都涉及一定程度的分析与执行。

回答"要不要"这类问题时，一定要透过资料数据来判定，如果资料贫乏或是有疏漏，就得用三角比对法。

有各种不同的工具可以用，你可以透过分析得出一个比较明确的答案，这个答案会明确告诉你该不该做。大家往往认为"我们该买这家公司吗？"或"我们该进入中国这个市场吗？"才是有趣的问题，事实上，难度最高的是有关"怎么做？"的问题。

不是该不该买下那家公司，而是该如何将那家公司整合进来？这样的问题才更需要耗费脑力与时间。

顾问费依案件内容的不同而有差异。

不过，平均来说每个月的收费是数十万美元。当然不是所有客户都愿意支付这么高昂的费用，不过只要顾问工作做得好，公司获利会远远超过这笔钱。

一位业界老手回忆说：

"我刚入行的第一个客户是一家中型资料处理公司，当时正值他们股票上市失败。他们告诉我，我们收取的顾问费是他们有史以来付过最贵的。"

"一开始他们都很担心，也不敢抱太大期望，不过还是采纳我们的建议，最后，我们协助他拟出的策略，顺利让公司上市成功，每位持有公司股票的高层主管都有千万美元以上的现金入袋。"

第十章 管理顾问公司说什么

6

出书、写书的目的是什么

在顾问业这一行，撰写文章和商业书籍看起来或许是很次要的问题，不过却是可以吸引新客户的方法。

顾问公司会把合伙人所写的文章（已刊登在报章杂志）寄给潜在客户与现有客户，目的就是希望引起他们的兴趣。透过文章或书籍，可以吸引人们注意顾问公司特有的某个观点或思维，或是顾问公司正在落实的一种新工具或想法。

合伙人出版的商业书籍内容多属于商业理论，有时顾问公司会顺势依循这些内容来设定业务的方向。

管理顾问的目的就是对某个产业或公司有深入洞见，然后提供给客户，协助客户提高获利。要能够持续做到这一点，唯一的方法是必须聘请学习能力超强、非常聪明的人。虽然多数的学习是从工作中获得，不过正式的培训计划还是可以让员工学到一些基本技能，深入了解自己公司所采用的顾问方法。

顾问公司会启用大学生或商学院研究生，基本上都是刚毕业，所以不期待他们会有什么特殊的技能。一开始的训练是教导基本的财务分析，Power Point，Excel，以及重要的顾问架构。

随着雇员在公司的年资，训练仍然会持续进行。一开始的训练方案会给一大堆内容资料，让他们做分析讨论，训练他们思考的能力，接下来的训练就比较侧重社交。

所以，训练基本上是从白纸开始也可以，除了分析能力的训练外，经理们也会接受大量的沟通训练，学习如何与人相处。

很多行业都会把公事和社交生活混在一起，不过顾问业可是其中的佼佼者。相较于其它金融领域的公司，大多数顾问公司都比较不拘礼节，同事往往会一起工作一起玩乐，频繁的出差使得办公室气氛比较欢乐，也比较有机会跟工作以外的朋友接触。

基本上管理顾问公司的合伙人非常不愿意拒绝客户，即使最难搞的客户也一样，因为他们的薪酬主要取决于客户的大小与利润的多寡。由于开发新客户很困难，合伙人往往会尽全力留住原有的客户。

7
顾问业成功的条件有哪些

在竞争异常激烈的顾问业，要想成功必须要具备一些条件，比如：

1. 高超的分析能力
2. 敏锐的商业直觉
3. 协助组织解决难题的热忱
4. 有创意
5. 思考的方式很有结构
6. 锻炼出线性、逻辑性的解决问题模式
7. 可以耐心倾听他人的声音
8. 不断的学习

最成功的合伙人永远会不断地自问：

"下一次我会有什么不同的作为吗？"

精明的人还会快速学习到，必须在公司内部建立盟友关系。

"如果有个资深的人在背后督促你，你就会早一点获得升迁的机会"。

即使在最大型的顾问公司，如果高层有个赏识你的人，一旦碰到任务指派、红利发放、升迁的时候都会跟其他人不一样。

工作能力是成功的必要条件。

不过，我在课堂上经常讲到一句话：**"贵人通常是让自己出人头地最重要的资产。"**

8

升职，不然就离开

在顾问公司爬得越高，解决客户问题时所扮演的角色也不一样。

初期的工作内容是：倾听、执行、提出观点，仔细聆听别人交代你的工作，执行你被交办的工作，如果你还有多余的脑力和精力，就想想要怎么去添加更多的价值。

很多顾问公司有"升职，不然就离开"的政策。在公司待了几年之后，公司如果没有提拔你，就会鼓励你另谋高就。

"管理顾问这一行可以训练你明白事实，训练你把自己的想法有效率地传达给他人，训练你知道何时该正面解决问题、何时该向前走、何时该退后。在严谨的顾问公司出去自立门户后，通常也会是成功的经营者。"

一位顾问公司资深董事这么说：

"我于公于私都很在意客户，而客户也以同样的态度对待我，我们成了真正的伙伴关系，我们一起努力设法解决'这位客户'最大的难题，我们彼此以伙伴相待。我的客户遇到困难时，他们会打电话给我，他们知道我会告诉他，我们何时可以帮忙，何时不能帮忙，而且我会找到最佳资源来处理他们的问题。"

第十章 管理顾问公司说什么

"最烦人的经验就是对方把你当成供应商。"

这种客户会这么说："我们要聘请一家顾问公司，你们确定中选，因为你们的提案是最好的，或者按价格来说对我们是最划算的。现在就请你好好落实合约里的条款。我们每两周要开一次会，开会时间是每一次两个小时。"这种客户完全没有人情味。

"我喜欢跟我共事的人，我也非常喜欢我的工作，这个行业环境的独特之处在于，伙伴的感觉弥漫在这一行的每个人当中。有一些企业的CEO给我的感觉是，我们可以像伙伴一样一起共事，我可以融入到他们里面。但由于他们仍会继续担任CEO好一阵子，加入后或许我有望成为他们的接班人，可是组织内的每个人就变得不再只是伙伴关系，或许变成了竞争对手。"

9

管理顾问公司内部的工作情况

在美国顾问业的生活形态最普遍的情形是——"出差频繁",麦肯锡和埃森哲给员工的压力最大,这两家公司要求团队成员每周必须有四天待在客户那边工作。为了省钱,有些从纽约总公司外派的顾问不租公寓,只在工作日住酒店(看客户在哪个城市就住在哪里的酒店),然后周末再回纽约与家人或朋友共度。麦肯锡的做法是请顾问们进驻顾问公司,这样做的好处是,可以从全国各地调派人员过去,所以,一个团队的经理人可能是来自旧金山,顾问来自芝加哥,分析师来自墨西哥市。这种模式的好处是,各分公司之间的互动会很多。

一、员工培训

管理顾问的目的就是对某产业或某公司有深入的洞见,然后提供给客户,协助客户提高获利。要持续做到这一点,唯一的办法是必须"聘请学习能力超强、非常聪明的人"。

埃森哲的训练比较讲究方法:把员工送到伊利诺州的查尔斯湖,让他们接受特定领域和流程的训练。在摩立特,除了分析能力的训练,经理们也会接受大量的沟通训练,学习如何与客户应答。

二、学习社交就是为了工作

由于顾问公司在世界各地都有分公司,所以要营造凝聚力就必须举办跨分公司的活动。贝恩之所以在顾问界出名,就是举办了"贝恩世界杯足球赛",让来自世界各地超过八百位顾问共聚一堂较量脚下功夫。许多顾问公司都会赞助一些远离公务的研修活动(通常是运动),不过由公司独立主办的贝恩世界杯还是相当独一无二的。

很多行业都会把公事和社交生活混在一起,不过顾问业可是其中的佼佼者。相对于其他金融领域的公司,大多数美国的顾问公司比较不拘礼节,同事们往往会一起工作也一起玩乐。

三、工作时间由顾问案件的难度决定

每位顾问的工作时间会因顾问案件的难度而有所不同,平均是每周50到60小时。

时数的长短,通常取决于这位顾问完成工作的速度有多快,以及他想不想令公司其他人佩服。虽然合伙人和经理人会尽量让顾问们在工作和休息之间取得平衡,但是工作还是排在第一,如果是新客户的case,合伙人会花很长一段时间跟新客户建立关系,因此,为了证明自己可以贡献宝贵的价值,对新客户的第一个case往往会特别卖力,这时候团队免不了就要超时工作了。

10

升迁取决于贡献大小

顾问业这一行的企业文化之一是，对公司的贡献要超过份内工作所需。虽然没有义务一定要参与公司以外的活动，不过如果对公司或整个业界多投入一些，对自己在公司内的升迁多少会有帮助。所谓的投入（有时被称为额外的10%），像是参加招募人才、筹办公司内部的运动活动、到当地非营利机构担任志愿者、参与非营利组织的顾问计划等等活动都可以。

Inspire就是一个例子，这是一家非营利的顾问团体，其成员都是贝恩、摩立特、帕森农集团、LKK和卡然巴哈顾问公司的经理，专门替小型的非营利组织做顾问工作。Inspire广受顾问公司的支持，但是所有大小事（从寻客户到带领团队）都由低阶经理包办。这些经理只能在空闲时替Inspire工作，所以每个case的范围往往比一般顾问案小得多。

而在顾问公司这方面，他们则是提供免费的顾问服务给一些非营利组织。对社会福利特别感兴趣的顾问，也可以选择投身自己公司的非营利业务，比方说，如果是在贝恩工作，就可以花半年时间投入贝恩的姊妹组织Bridge span，这家公司专门服务非营利机构。

就连合伙人也被鼓励尽量参加公司以外的活动。顾问公司的合伙人深知开发客户是公司一大重点，而进入各种名目的董事会是与潜在客户社交互动的大好机会。"我担任执行合伙人的时候,会投入10%到15%的时间做其他事情,像是担任卫斯理大学(Wesleyan University)董事会主席。公司对我在麦肯锡以外的地方担任的服务工作也是全力支持。"朗·丹尼尔说。有时候,顾问也会替自己所属的组织提供免费服务。

顾问业的收入

顾问业的底薪跟投资银行、创投和私募基金差不多,唯一的差别在于,顾问业的红利只有底薪的一小部分,不像其他三种行业每年拿到的"红利"是底薪的一到三倍。这种差距在各大都市都是如此,不过,在纽约更明显,因为纽约是投资银行与金融业的聚集地。然而顾问业成功的资深合伙人每年还是可以拿到100万美元以上的薪酬。

THE SAGES

―――| 第十一章 |―――

非洲的商机

钻石和石油是非洲大陆历史上最重要的产业,其实非洲还有许多比钻石和石油更好的商机。

1

非洲的商机

非洲大陆超越所谓金砖四国中的巴西、俄罗斯、印度，仅逊于中国。事实上，非洲比你想象的富有多了。

非洲有超过9亿的消费人口。尽管面对这一大群人，最大的挑战是他们每天都要吃，他们也需要干净的水、有地方住、有衣服穿、有医疗设备，他们也想要手机、脚踏车、电脑、汽车，还有小孩的教育。涉足非洲建立市场，就能抓住商机，开展生意。

非洲大陆充满惊奇。在某些地方，人们连买面包都很吃力，但换一个角度，这或许也是非洲大陆隐藏的商机。如果我们把图像再放大些，更能看到意外的惊喜。假设整个非洲是一个单一国家，根据世界银行的数据，它的国民所得总额（GNI）在2006年为9780亿美元，超过印度整个市场，是世界第10大的经济体。前10名依序是：

1		美国	13.4兆 美元
2		日本	4.9兆
3		德国	3.0兆
4		中国	2.6兆
5		英国	2.4兆
6		法国	2.3兆
7		意大利	1.9兆
8		西班牙	1.2兆
9		加拿大	1.2兆
10		非洲	9.783兆

在许多人的眼里，非洲的财富都是来自钻石和石油。虽然钻石和石油是非洲大陆历史上最重要的产业，但非洲其实还有许多比钻石和石油更好的机会，有一个石油设备商叫Bidco Oil Refinery Inc，在肯尼亚开创一个营收超过1亿6000万美元的生意，销售主力是一项不一样的产品：烹饪用油。Bidco公司早在1991年就开始在肯尼亚中环（Thika）厂制油，借由相当有效率的行销对策，设计成符合各种预算的大小包装，因而成为中东非洲地区的食用油、动植物油和肥皂的领导厂商。Bidco了解从底层消费者到高层消费者的市场差异，诸如肯尼亚和奈洛比边境的Kibera贫民窟住户，他们买油的习惯是以小包为主，也能满足另一批会到Jikoni.com网站下载食谱的顶层消费者。Bidco公司在肯尼亚的市占率超过51%，同时出口油品、清洁剂和其他产品到12个以上的非洲国家，如坦桑尼亚、乌干达、卢安达、蒲隆地、良索比亚、苏丹、厄利垂亚、赞比亚、马拉威、马达加斯加、刚果共和国和索玛利亚。由此可知，非洲有价值的油并不是都来自于地底层（石油）。

一、南非的案例

有些公司在挖掘不同模样的钻石，就是被称之为"黑钻石"的新兴中产阶层，正在驱策南非的经济成长。可口可乐南非制造厂ABI的经济学家美兰妮（Melanie Louw），于2006年在约翰尼斯堡访谈时，提到"黑钻石"的议题，认为此阶层正使得当地经济根本上发生改变。开普敦大学联合研究所的研究报告，也认为"黑钻石"阶层是史上最令人兴奋的市场机会。

这是非洲崛起的另一个迹象。

虽然南非市场远离北非撒哈拉沙漠地区，以深入第二层的非洲市场来看，至少有4亿左右的中产阶层消费人口，每一块非洲的土地都是商机。2007年12月，开普敦市举行第一届"生活形态节"，就是针对黑钻石阶层消费者而办。主办单位表示，此活动主推的产品专门迎合南非黑人中产阶级的生活形态所需，他们还为此特别取了一个名字：Afropolitan非洲大都会，新兴的南非中产阶级数目每年增长三成，因此也刺激了南非市场房价的上涨。过去10年来最让南非感到振奋的事。他们看到当地消费者行为的惊人改变，生活形态上变得要求健康、养生、追求美好的事情，可以感受到非洲经济结构和劳动力结构已经彻底改变。

可口可乐从1928年就进入非洲，虽然在不同国家的业绩有不同的表现，但从大数据可以看出，该公司过去20年来在非洲大陆稳定成长，如今每天在非洲各地卖出约9300万瓶饮料。根据2006年财报来看，大约做出40至50亿美元的营业额，约占当年全球销售的6.5%。

2007年6月，可口可乐把非洲总部从英国伦敦迁移到南非的约翰尼斯堡，成为非洲崛起极其重要性的证明之一。此次搬迁是由非洲出生的可口可乐非洲公司总裁亚历士·昆明斯（Alex Cummings）所主导。可口可乐公司CEO兼COO穆塔尔·肯特（Muhtar Kent）对此表示，我相信我们在非洲的业务需要由当地管理，这项任务应该交由吃住在当地的可口可乐成员来执行。约翰尼斯堡的商业基础很好，交通运输网络和非洲大陆其他地方一样好，以此地作为我们新办公室的地点很理想。

二、中国商场

2006年5月某个清新早晨,南非约翰尼斯堡市的大批发商场一带,上面写着"中国商场"。1800年代的淘金潮,欧洲人为了黄金而涌进约翰尼斯堡。今天,这个城市的Crown Mines区涌现了新的淘金潮,就是这个"中国商场"里所充斥着民生消费商品。整座商场有126家商店,入口处有穿着防弹背心的警卫,这些警卫可不是在保护黄金,而是在保护商店及商店里塞满的那些来自中国大陆不太昂贵的衣服、旅行箱、鞋子、皮包和电子产品。这些产品都是要给南非及邻近国家的零售商。

中国商人和中国制品很明显已遍及非洲,从低价的电视和其他家电用品,到一般的衣服和鞋子都有。精明的中国商人到处可见。

2

企业家精神在非洲

非洲的经商环境持续在进步中,一份世界银行国际金融司2006年报告指出:非洲经商环境已从落后部位进行到第3名。(虽然进步很快,但全非经商环境排名最好的南非,在全世界仍排名在第29名)。像坦桑尼亚、加纳、尼日利亚和内战结束后的卢安达是进步最大的国家,至少2/3的非洲国家有一项正面的改革。在众多改进项目中,最佳的有政府治理、民主深化、14国的债务取消、关税障碍降低以及苏丹、象牙海岸和刚果共和国的政治干预现象。

世界经济论坛(WEF)非洲部门负责人海口·亚尔弗列德(Haiko Alfred)在2006年时指出,非洲已全然是一个不可能再回头的地方。非洲开发银行总裁多纳德·卡贝鲁卡(Donald Kaberuka)2007年夏天接受《非洲银行家杂志》(African Banker)专访中指出,"非洲现在的经济条件是过去30年来最好的"。可以从另外一个角度审视,《非洲银行家》的出版,可以看出是非洲银行业和投资业成长的迹象。

第十一章 | 非洲的商机

3

非洲崛起

非洲各地机场的扩建，肯尼亚航空、依索比亚航空、南非航空等的飞航路线增加，这还不包括像维京奈及亚全球航运公司，还有成长惊人的银行业、手机业、汽车业和民生消费品，当你走过非洲街，所有的这些全都会进入你的眼帘，所以，要站在最高点看非洲了！

当然，非洲确实有全世界最穷的国家，但总体来看还是比印度有钱。非洲53个国家2006年的国民人均所得约为1066美元，远超过印度的200美元。12个非洲国家塞席尔（8650美元）、赤道几内亚（8250美元）、利比亚（7380美元）、波扎那（5900美元）、模里西斯（5450美元）、南非（5390美元）、加彭（5000美元）、纳米比亚（3230美元）、阿尔及利亚（3030美元）、突尼西亚（2970美元）、史瓦济兰（2430美元）、维德角（2130美元），这12个国家总人口数超过1亿的国民人均所得超过中国的2010美元。若扩大到20个国家，总人口数达2亿6900万，国民人均所得超过印度。全世界的企业都应正视这庞大财富的背后所代表的市场潜力。

或许会有人认为分析非洲不能用人均所得当基础。非洲确实是深受政治独裁者荼毒、病菌四溢、环境危机、文化、宗教紧张，基础建设破旧等无穷无尽的挑战，有太多的理由可以否定非洲机会正在崛起。也有人认为非洲国家多是小国，很难形成经济规模，再者，整个非洲充斥"病灶"，不时在威胁稳定的形势。当然，这些都在转变之中。

4

金融与资本的助力

非洲的外人直接投资（FDI）在2006年约390亿美元，是2004年的两倍。私募基金涌进非洲创下新纪录，反映了过去的成功和未来商机的正面评价。估计约有200支私募基金在全非运作，金额约150亿美元，南非在2008年首次挤进全球FDI25大的国家名单，不过，FDI的目标不仅限于埃及或南非，2006年间的主要投资目标的国家有：埃及、尼日利亚、苏丹、突尼西亚、摩洛哥、阿尔及利亚、利比亚、赤道几内亚、乍得和加纳。根据新兴市场私募基金协会统计，2006年约有3亿7700万美元涌进坦桑尼亚，3亿700万美元进入乌干达，2亿9000万美元进到布鲁迪，就是撒哈拉地区，投资者在当年就募到了20亿美元。而且投资报酬令人惊讶，例如，尼日利亚的投资报酬率为20%，是全世界最高，投资南非表现最优的前25%的基金，获利率超过40%。目前市场上有来自各国的基金，包括美国的Zephyr Kingdom、英国的Actis·Aureos Capital、荷兰的FMO、加拿大的Cordiant。2007年6月，世界银行国际金融局宣布一项3亿2000万美元的投资组合计划，准备投资撒哈拉地区的手机相关业务，这引来其他多国对非洲的高度兴趣。

私募资金ECP是瞄准非洲的大型基金之一，10亿美元的资金里有4亿来自AIG非洲基础建设基金，有4亿美元是EMP非洲二期基金，2007

年在非洲30个国家投资40项计划。非洲开发银行集团已答应投资非洲530亿美元，提供给当地银行向中小企业进行融资。这些投资帮助尼日利亚银行业有了新创的力量，部分有创意的银行也能跟着浮现，如同K-Rep银行就在肯尼亚开始服务中低收入及乡间市场，而这些地方过去是没有银行服务的。

约翰尼斯堡CBA资本合伙公司的杰葛·乔哈（Jag Johal），1990年就从伦敦来到非洲，他对于在当地发现的商机惊讶不已，他提到"在我来之前，对非洲的印象仅止于饥荒和战争，计划了2年后才来到当地，抵达之后，竟然看到遍地的商机在你眼前展现"。

私募基金现正促成当地卓越的企业升级为跨国企业，如索玛利亚集团于1957年创业时只是坦桑尼亚的一家小型贸易公司，如今生意包括医药、塑胶、清洁剂和奶制品。它的投资者Aureos资本公司帮助它把生意扩展到肯尼亚、刚果民主共和国、莫桑比克和乌干达，促成坦桑尼亚的第一家跨国企业。

非洲以外的各地金融市场，已经体会到非洲正逐渐稳定，愿意对非洲进行融资。尼日利亚主要商业银行在2007年1月发行一支5年期间的欧元债券，金额约3亿5000万美元，利率在8%以上，这是尼日利亚1990年代以来，无论是政府部门或民间部门，首次与国际资本市场接触。加彭亦曾于2007年稍晚，以国家债券向国际市场筹募到10亿美元，若非该国内部的稳定和金融管理得当，否则这种国际资本的对接是不可能的。

5

金融、银行与手机

成功的市场其基础是金融与通讯。

手机和银行金融在非洲各地快速成长,不仅代表其相关产业在当地的成功,也为非洲建构了迈向未来跃升的平台。如今在非洲到处都可以看到,靠着手机就做起小生意来,也有业界人士手上借了微型贷款,这些都能帮助非洲快速成长。

全非洲有1亿3000万名手机用户,是全世界手机市场成长最快的地方。非洲媒体发展协会2007年针对17国的一项调查,发现其中10个国家的手机复合年成长率达85%,因为手机的机子是轮着用,整体使用率高于用户登记成长率。全球GSM协会亦指出,北非撒哈拉人口居住区在2005年间已有六成的网络覆盖率,2010年间达到85%。主要通讯业者抢食非洲和中东的手机用户市场,到2011年底非洲手机用户累计已达1亿8400万名。

Nabil是在一家意大利餐厅当服务员,他开始打工后的第一件事,就是买台手机。有一个当地认识的朋友,他的工作是司机,一个月才赚1万8000奈拉(尼日利亚币),大约100美元,就拥有一部手机(虽然他的钱还不够买SIM卡,所以还不能打电话),外加一台电视,这是他花了三个月时间才存够钱买的。他和家人住在一个小小的出租公寓,每个月房租3000奈拉（约20美元），他们和其他16个家庭共用2个浴室和一个厨房。比较幸运的是，他高中还没毕业，就拥有这个当司机的稳定的工作，但也因此需要一部手机。南非索威特（soweto）边境缺水，卫生条件极差的乱区一带，却常常可以看到有人在煤渣盖的房子外面打手机。在自来水、抽水马桶、甚至是食物和饮水备全之前，通讯看来更是优先需要的角色。

手机是整体经济进步的加速器，其他的生意都是为了它的联系而建立起来的。手机产业的成功，已被视为经济进步的平台象征。透过发达国家的眼光来看非洲使用手机的兴起，或许很容易就说它会失败，西方社会把手机当成做生意的工具，而不仅仅是个必需品。非洲和其他发展中社会的情况，手机是很多地区的第一个通讯基础建设，能提供小型工业的基础条件，让乡间可以和全世界连接起来，站在最高点。

一、金融与银行对非洲的影响

Absa集团、渣打银行集团、Nedbank集团、Investec银行集团和FirstRand银行集团是非洲的前五大银行，总合资本额超过170亿美元，资产总额达3240亿美元。2005年间，英国巴克莱集团进行一项英国以外的最大投资，也是南非史上最大的外人投资案，以54亿美元买下南非最大消费金融银行Absa集团的大部分股权。中国工商银行在2007年10月也宣布，以55亿美元买进南非标准银行的20%股权。

不过，非洲的家庭仅有20%拥有银行账户，这使得银行业者需要采取各种方法把这块未开发的市场拿下，例如肯尼亚K—Rep银行的目标是乡村地区和低收入户，这些地方都是主流银行不重视的市场。英国巴克莱银行把它的小型银行设在奈洛比乡村地区。标准银行在乌干达维多利亚瀑布区设立移动分行，方法很奇怪——利用小飞机把钱丢下去。

为了开拓这块非银行市场，银行业的招数可说是五花八门。4家主要消费金融银行Absa、第一国家银行、Nedbank和标准银行，再加上邮局性质的Postbank，于2004年10月发展出提供南非低收入者一种特殊的账户服务"Mzansi"，开户者只需有效的个人身份证明，开户费很低，银行据点就设在乡村地区的铁皮货柜屋里，在第1年就拥有了150万存户，这项措施让南非全国原先排除在银行之外的1300万户，因此纳入正规的银行体系。

"铁皮屋银行据点"的创意，等同于在南非大部分地区每10公里就有一台ATM提款机，每15公里就有一家完全服务的分行，银行方面也增加低成本的金融商品，如保险、分期付款等，以吸引新的客户，并强化服务。从手机使用户的快速成长和银行金融与信用卡的低使用率来看，非洲国家已率先把银行金融改变为采用手机处理，让手机用户可以在手机上转账、付款等等，这样就弥补很多非洲地区银行网点服务的不足。

二、非洲是什么

非洲大陆有53个国家，他们的经济、政治和社会条件各有不同。Celtel通讯公司的广告标语打着非洲梦想，对于非洲不同地方的人民来说，这个梦想各有不同。甚至有的女孩会说："非洲人就是肯尼亚人"。

第十一章 非洲的商机

6

非洲确实遍地是商机

　　非洲市场是很极端的，在尼日利亚拉各斯市喜来登酒店1个晚上的住宿费是500美元～800美元，比该国的人均所得还要高。企业执行长（CEO）或政府官员在一个晚上付的钱，甚至超过一般平民老百姓1年的收入所得。极端的一头，是非洲顶级消费族群可以在非洲各地，自由自在地到高级购物中心血拼，极端的另一头，则是有成群的非洲人，为了生存下来而挣扎不已。经济数据有时会形成障碍，有时却让我们明白，非洲的活力与动态。无论是在奈洛比、在阿尔及利亚、或在拉各斯的街上，可以看到商品一件件地被卖出，市场就是这样繁荣起来的。

　　顶级客层的高端商品自有它的消费群，而底层消费者的价值导向也自有它的市场。顶级客层有时买东西看价值，当然低收入消费者有时也会想要买高端商品，彼此间的界线不怎么明显。联合利华的顶级产品和Lovely乳液品现在也会出现在尼日利亚的小摊贩店里，这样的情景反映出当地市场的活力，从奢侈品到生活必需品都是商机盎然。各种市场里的各类别、各层级都向上扬升，非洲这个9亿人的市场也跟着他们的成长而崛起。

　　非洲崛起，商机无限，是机会还是冒险，总之，它就在那里，站在最高点去看吧！

THE SAGES

第十二章

贪婪的美国金融市场

主宰经济与市场的情绪有两种：恐惧和贪婪。

1

贪婪的美国金融市场

有句话这么说，主宰经济与市场的情绪有两种：恐惧和贪婪。

时机好的时候，贪婪是王道。

人们眼看周边的朋友都混得很好，就想着自己也要跟得上他们，于是他们会为了这样的理由去血拼。但出手买些高档的品牌货需要钱。如果他们没办法赚钱来购买，那么，唯一的途径就是去借。对于追求高大上生活品质的人来说，好消息是，社会已经发展出一个完整的"借贷产业"，以满足人们的物质追求，今天，我们几乎什么都可以用贷款买。"信用卡"帮我们买下衣服、鞋子等生活用品。其他特殊性贷款则可以帮我们上大学、买车、买房等，借钱的不只是个人。企业界总是想尽办法去制造各种各样人们想要的物品，为了购买更新更先进的设备，企业也需要借钱，当然，他们要借钱时有各种不同的选择。

多年以前（现在也一样），如果你是个普通的消费者，你想要买高价位的商品时，你去向银行借钱，到那时银行会很为难。

1. 银行业风险高，因为借款很可能还不出钱。

2. 竞争激烈，市场上的贷款机构很多，把利率压得很低。

3. 规范不够。

第十二章 贪婪的美国金融市场

美国政府为了确保客户的存款安全无虞,有关部门制订了种种繁琐的公文往来流程,银行光靠接受客户的存款并贷出放款来赚取"差价"的业务并不轻松,很难赚到大钱。

到了1980年代,银行业想要赚大钱,像投资银行那样,靠着各种以收取"手续费"为主的业务赚大钱。一般的商业银行(储贷银行)开始思考着,他们要怎么做才能赚到这种手续费,而且又不用承担风险。他们终于看到:利息收入很不错,但问题是存在一定的风险,借款人可能会违约,但是有一个机会点是,如果赚取借款人最初申请贷款时所支付的手续费,赚起来就一点风险也没有。因此,放款人想要多赚点钱方法之一就是"多多放款给借款人",收取手续费,然后把贷款卖给某个"既不是借款人也不是放款人的第三方"。如此一来,违约风险就由新的贷款所有人承担,而原来的"放款人"只负责收取手续费完事了就走人(毫无风险)。

另一种方法是,找来第三方担保贷款。

举例来说,如果你要买车,融资公司可能会借钱给你,但前提是银行必须知道你的担保人保证一定会付利息,而且最后也一定会还清贷款。

联邦住宅管理局是什么角色

联邦住宅管理局于1934年成立,英文名词是(Federal Housing Administration)。当时制订了"贷款担保流程"。美国政府的目的是,要刺激经济大萧条后的美国经济,他们看到了目标——美国的房地产市场。

因为当人们买房置产时,通常也会花很多钱买些入住新房要用的东西。这些衍生的花费可以为其他各种相关的产业注入活水,小从屋顶建筑工人,大至家电、冰箱制造商。但是,当时美国的购房者很难贷到房贷。贷款的利息相当高,因为银行担心要承担风险。

2

房利美的诞生

为了刺激经济,为了给银行一些动力,房利美因此诞生。

美国成立一个机构名为:"联邦住宅管理局"。这个单位就是担保房贷,让放款机构不必担心被套牢。一旦发生贷款者还不出钱,政府就会接手。

1938年美国想出了一个新概念,设立一个机构正式名称为:联邦国民房贷公司(Federal National Mortgage Association),就是大家所称的房利美(Fannie Mae)。

联邦国民房贷公司(FNMA)的作用是买进任何银行贷放的联邦住宅管理局房贷,也就是说美国政府会买下银行借出去的每一个房贷。

房利美有能力大量买下由联邦住宅管理局担保的房贷"后来由退伍军人事务部(Depart ment of Veterans Affairs)担保"。这意味着只要美国人民想要买房,银行就能不断放款。政府担保,意味着这些贷款的利率极低,也表示消费者将对此趋之若鹜。银行太爱这种没有风险又有钱赚的业务。他们在确认可收取贷款手续费后,马上卖给房利美。

房利美帮助美国政府刺激美国的经济。政府当然乐见住宅的自有率稳定成长,但这样的做法却隐藏着危机。房利美本质上是美国政府机构,这意味着它所买下的所有贷款最后会变成联邦预贷的"大赤字"。

因此，1968年美国政府把房利美变成一家上市公司（政府是大股东），把所有的负债从联邦政府的资产负债表上挪走，两年后（1970年），美国政府又创设了另一家房利美的姊妹公司。该公司的正式名称为：联邦住宅贷款公司（Federal Home Loan Mortgage Corporation），它的另外一个名称叫：房地美（Freddie Mae）。房地美也是一家上市公司，同样的，该公司也是由美国政府控股。这样做的目的是在房地产融资贷款的市场建立两个品牌，造成竞争者，压低银行利率，也能降低政府的压力。

美国政府其实内心是很纠结的，它希望利用房地产来刺激美国的经济及国民的消费能力，可是，它担心的是，万一房利美和房地美出事，整个美国的房贷市场就没人支撑了，经济下行的速度可能再度拖累整个国家。所以，当联邦政府让房利美上市时，很快又创设了"美国政府国民房贷公司"（Government National Mortgage Association）。这个公司又称吉利美（Ginnie Mae），这家公司的成立旨在支援"退伍军人管理局与联邦住宅管理局背书的房贷（相当于为他们再背书）"，同时也成为"农民住宅管理局（Farmers Home Administration）"的房贷担保。吉利美透过不同的方式支撑房贷市场。吉利美不只是效仿房利美买卖房贷而已，该公司还想出了一个怪招，叫做：证券化（securitization）。

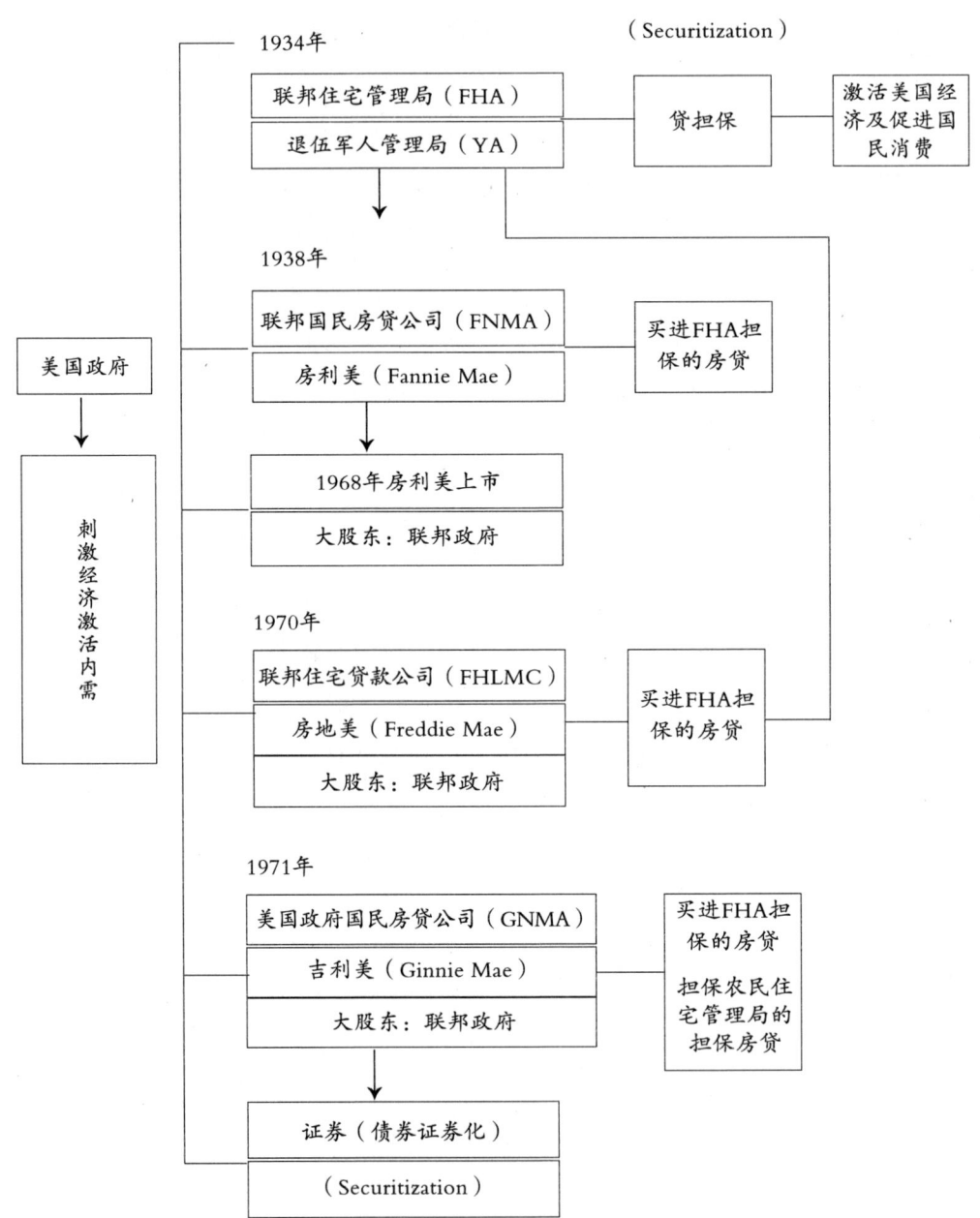

第十二章 贪婪的美国金融市场

上述证券化的意思就是：把房贷聚集在一个独立的信托里，当借款人支付利息时，每个月这个信托池就能产生大笔的现金收入。

做法是：找投资人投资这个信托，就是让他们用现金来购买"退伍军人管理局及联邦国民房贷公司、联邦住宅贷款公司、农民住宅管理局担保的房贷"，信托公司就把"债券"给投资人作为回报，当借款人支付任何利息或偿还本金时，这些钱就会透过信托公司发给他们。

问题是：如果借款还不出钱怎么办？

吉利美的回答是：别担心，我担保。我担保这些债券，就算房贷池里每一位借款人都违约了，或者他们每一个人都提前清偿，我（吉利美）都承诺在债券尚未到期之前一定会支付利息。

美国的两家投行，开始关注吉利美的这个商业模式，它们是所罗门兄弟公司（Salomon Brothers）和第一波士顿公司（First Boston）。1983年时，他们替房地美规划了一种"新的证券化"。提供各种以某个私人房贷池为基准的债券。每一级别的债券都有不同的期间与不同的利率。就像企业的资本架构一样，最安全，时间最短的投资在最上方，风险最高，时间最长的投资在最下方。这是一种特殊的房贷抵押证券，所以需要取一个新名字，他们称之为"担保房贷凭证（collateralized mortgage obligation）。"

把"担保房贷凭证"想象成一个由玻璃杯排起来的金字塔，在一个银色的托盘上堆成好几层，这样想象有助于我们了解，这种产品，每一层代表某个层级的投资人，位阶最高的债券持有人在最上方，中间的是中层的债券持有人，或称为"夹层（mezzanine）债权投资人"，顺位最低的债券投资人则在底部。"托盘"则是权益持有人。

现在，时候到了，我们要开香槟了。这瓶香槟就是那些捆绑在一起经过组合的"房贷"。每个月底时，所有房贷借款都要支付利息，于是利息（现金）开始流动了，就像香槟从瓶子里倒出来一样，香槟流过整个杯塔,最先满足最上层的债券持有人,然后是中间的夹层,之后才是到达底层,最后就流到银色的托盘上。这种情形每月都会产生一次。

资产抵押证券

如果有些房贷借款手头没钱付不出利息,或者他们提早清偿房贷,那么,从房贷池能创造的收益就减少了,也就是说在杯塔中流动的钱也跟着变少了,最上层的很可能还能装满,意味着上层的这些债券持有人还是能收到钱,中间的夹层或许也可以分到一些,但下层放款人以及权益投资人的口袋很可能就空空如也。也就是基于这个道理,次顺位的债券持有人拿到的利息最高,付给最优先放款者的利息最低。

"担保房贷凭证"降低了投资者的顾虑,这种产品中可以有各种不同的风险水平与投资期间,因此可以吸引更多投资人。保守型的银行、机构购买能创造小额、稳定且十分确定收益的债券,而如果是积极型的投资者则可以用债券投资赌大一点的,这些人希望每个月都能拿到丰富的报酬。

在经过多次的尝试之后,那些嗅觉敏锐的投资人发现,只要每个月都能创造现金流,有稳定收益的,不管是什么商品,都可以用"证券化"的手法包装销售。不管是房贷、飞机贷、机场建设贷、高速公路建设贷、助学贷款还是各种税收,只要有现金流,就可以称之为"资产",这表示,都可以变成所谓的"资产抵押证券"(asset-backed security,简称ABS)。1985年,海丰银行(Marine Midland Bank)推出汽车贷款证券。第二年,一银行(Bank one)推出由信用卡应收账款组成的"资产池"加以证券化。很快的,美国许多银行都陆续推出以企业债券和贷款来组合成"证券化工具",值得注意的是,这些贷款很多都是杠杆收购交易中的一部分。

降低投资风险,分散投资。

不论资产抵押债券的担保品还是私人信用卡的应收账款或是企业贷

款,"证券化"一次都能处理好几个问题。

"证券化"使得投资人很简单就能介入多个金融领域。

如今,一位投资人可以把钱拿去投资房贷、信用卡或车贷,不用再局限专注于单一领域。投资人喜欢可以透过证券化分散投资的想法,因此,他们期望见到更多的这类债券。

对债券更多的欢迎,这又助长了银行要放出更多的贷款。

忽然之间,要申请贷款变得容易了。

对于美国经济来说,这真是个好消息。从消费层面来看,轻松核贷使得一般人很方便拿到钱,无论买房、买车或购买家庭必需品,数量之大,企业界前所未见。贷款的收入使企业得以成长壮大,可以聘用更多的人力,可以购买更先进的设备,之后,这些人与设备又创造出更多的消费,扩大美国国内市场的内需。从企业的层面来看,轻松核贷让企业能拿到资金,让企业能自由发挥,去实现过去仅能梦想的愿景。现在有了充沛的资金他们可以扩大营业范围,进军亚洲、非洲的其他市场,为自家产品创造新市场,甚至买下竞争对手。

我们都知道银行在账目上每持有一笔贷款,就必须保留一部分资金作为"准备"。在以往,这样的规定限制了银行能放出的贷款数目。当然,银行也会谨慎调查他们的贷款对象。然而,要提拨准备金的前提是他们持有贷款。万一有一笔贷款的借款人违约了,银行就会损失。因此,过去银行只会借钱给可能会还钱的人。但"资产抵押证券"如雨后春笋般冒出来之后,意味着如今银行可以把他们贷放出去的每一笔贷款都脱手。银行核贷可以收取"手续费",很多时候,他们也会想办法去收取贷款的利息。但在银行的会计账上并没有这些贷款。这么一来,银行不仅可以挪出几十亿的准备金可用于借贷,也表示他们不用太担心借款人无力支付贷款利息的可能性了。

银行快乐的不得了!

在1990年到2000年代初期，美国的银行乐坏了，因为他们赚了很多钱，又不需要承担太多的长期风险。美国的消费者和企业更是乐不可支，因为经济体系里的资金更多，再加上银行越来越不关心"信用品质"，让人们更轻松就能借到钱。但最开心的还是投资人。资产抵押证券，不管抵押标的是房贷、企业证券还是助学贷款，获利都很惊人。当时美国经济成长快速，失业率不断下降，人们收入也节节高升。投资人注意到多数人都付得起利息，企业与一般人的"违约率"都相当低。很多人认为，资产抵押证券就算卖出风险等级最高的债券，实际风险也不像表面看起来那么高。因此，需求不断攀升。

1990年代慢慢过去，银行不断地贷放出房贷、车贷与信用卡，给20年前根本没有资格申请贷款的人们。这类借款人通常都要为贷款付出极高的利率，利率反映的便是他们有可能无法偿付贷款的机率。但买入房贷或车贷抵押债券的投资人对贷款品质毫不在乎，需要还钱的借款人愈多，债券收到的利息收入就愈高，就有愈多的现金落入他们的口袋。

银行从业人员会用一些代码来描述某些类型的借款人。很可能付得起贷款利息，也有能力偿还贷款的人，称为"顶级借款人"。借款人愈富有，就愈容易对付。顶级借款人会定期付款，而且也会偿还本金。就算时机艰难，他们也会有所准备，他们会继续偿付贷款。在银行家眼中，顶级借款人就跟顶级牛排一样，多汁而鲜美。而手头拮据的借款人，甚至没有储备资金的投资人，就没有这么好了。小小的挫折可能会造成严重的打击，那些最不可能持续维持债务有效的借款人，被称为"次级贷款人"（subprime borrower）。

3

贪婪的后果

到了2000年代的初期，借给这类"次级贷款人"的债务金额高到前所未有的地步，他们疯狂地买房、买车、买船、申办信用卡。现在我们知道了，当时很多放贷人完全不要求提供担保品，甚至连"收入证明"也不要求，就把房贷放给这些人。这类房贷也被称为"次级贷款"（subprime），跟很可能还不出钱的借款人属同一类，但这类贷款就和其他的债务一样，被纳入"组合"，构成"证券化工具"。放款人不在乎借款人是谁，反正他们就把这类房贷卖给"证券化信托"就对了。反正有人担保，如果借款人违约了，也不会是放款人的问题了。

专业的金融人员不会仅仅听那些同业忽悠的场面话，单从表面来看投资标的，他们根本不相信绝对安全的说法。那些受过专业训练的优秀金融人员会从事所谓的"实质审查（due diligence）"这表示不论投资标的是企业或是一群个人贷款者，他们会掀开投资的神秘面纱一探究竟。

信用评级机构是啥东西？

在美国，信用评级机构是私人机构，他们的工作是专门研究企业的"资产负债表"，然后，对该公司的"绩效"发表意见。

企业不会接受评级，但如果没有评级，就很难找到投资人。这就有点像是你如果要在投行、私募等金融公司工作，你不一定要取得商学院

MBA的学位，但如果你没有，就很难在这个领域找到好工作。

2007年10月31日，一位名为梅若迪系·惠特妮（Meredith whitney）的股票分析师的分析报告，震撼了华尔街的金融界，她提出一份报告，报告中指出美国规模最大银行之一的花旗银行（citi group）有太多的"房贷呆账"，该行赚到的钱刚好足以支应运营而已。

这个说法在华尔街炸开了锅，花旗银行立即澄清这份不实的报告，坚称他们赚了很多钱，并质疑这份报告的可靠性，同时保留追诉权，美国的三大信用评级机构及其他出色的投行分析师也都跳出来为花旗背书。

但惠特妮坚持她的分析报告绝对可靠，同时深入说明花旗银行的"资产负债表"，并提出专业的分析意见，三大信用评级机构也介入调查，并调降花旗银行的"评级"，一星期后，花旗银行的CEO辞职。

评级机构开始受到重视，企业也开始付钱给评级机构，希望拿到"评级"吸引投资人。

评级机构之间的竞争十分激烈。

美国三大信用评级机构分别是：

· 惠誉信评公司（Fitch Ratings）

· 穆迪投资人服务公司（Moodys Investors Services）

· 标准普尔公司

当然，这里的风险是信用评级机构可能受到"诱惑"，对某一家公司的"评级"降低严格性借以换得该公司的"业务"。而美国企业也可能为了自身的利益，在这三家公司间挑来拣去，寻找对自己最有利的评级。这叫"评等套利"（rating arbitrage），但许多投资人仍盲目相信评级。

4
潮水退去，裸游者现身

贪婪的人总看不到风险，或者说视而不见。不用担保的钱，涌向全美各地，景气显得欣欣向荣。各行各业的人们都买下豪宅，买下豪车，然后刷信用卡添购来自于中国大陆生产的高级电视及高档家具。美国总统可以大声宣称伟大的时代到了，大家都充满愉悦和信心。

但不幸的是，负债，尤其是消费型负债，是金融市场里的铲煤工铲进去的煤，它助长了1990年到2007年美国经济蓬勃成长引擎的运转，但问题是，总得有人买单。

借款人长期玩起以债养债的游戏，但，账单总有一天会到期，债务人终究要偿还。

2007年，账单开始到期了，潮水终于退了，裸游的人惊现在海滩，而且到处都是。

5

贪婪的宿命

早在2008年金融危机之前,美国的金融市场已经走向了灾难。所有的灾难要素当时均已备齐,只等时间而已。

· 不太可能还得出钱的人借了太多的钱。

· 参与金融市场的成员只受到"轻度"的规范,甚至于根本就没有规范。

· 信用评级机构都是废物。

· 国会山庄的立法人员愚昧无知,但权力巨大。

· 放款机构的房贷部门出现了欺诈和贪污。

· 全球各地投资人(许多国家)轻易相信。

· 银行、投资银行、基金信托人与消费者的傲慢,他们都被贪婪吞噬。他们相信自己永远都能把钱贷放出去,也能把钱借进来。

其实,上述情景一点都不新鲜,这就是贪婪的宿命呀!

THE SAGES

第十三章
美国上市与澳洲上市的比较

美国与澳洲上市各有优势，也各有劣势。

1

澳洲上市

1. 通过澳大利亚上市，企业可以更好地改变融资方式和融资环境。由于澳大利亚是英联邦国家，它的证券上市规则、交易体系和法规监管与伦敦交易所非常相似，但它的上市门槛比伦敦的主板甚至二板（AIM）都要低。一般来说，企业在澳大利亚上市后，经过一两年发展，再到伦敦的二板甚至主板进行二次上市，就会变的简单容易许多。由于澳大利亚证券市场是国际主流市场的一部分，能在澳大利亚上市的公司也基本上被看作是一个符合国家运行惯例的上市公司。

2. 新市场，新机会。从1861年第一个证券交易所在墨尔本成立到1987年五家主要的交易所合并成立的澳大利亚证券交易所（ASX），澳大利亚证券市场经历了100多年的发展历史。相对于中国证券市场，澳大利亚市场无疑是一个成熟的市场，但对于中国的企业和投资者而言，它却是一个需要了解的新市场。在澳大利亚上市的1000多家企业中有65家外国企业（OVERSEAS COMPANIES），这些企业大多注册在香港、百慕大、新加坡、美国和英国等地，其中至少有五家上市公司有中国市场（包括香港）业务，如中信澳大利亚贸易公司（Citic Australia Trading Limited），中国建设控股公司（China Construction Holdings Limited）等。迄今为止，还没有一家在中国注册的企业在ASX上市。

3. 上市成本低，等待时间短。澳大利亚证券交易所上市成本相对香港来说要低，一般占到融资额5%～10%（取决于融资额的大小），其包括承销商、律师和会计师费用及交易所收费。澳大利亚上市所需时间取决于项目的复杂程度。

4. 上市门槛特别低。澳大利亚有三个交易所，澳大利亚证券交易所叫ASX，类似我们的主板，它的上市门槛是只要3年获利600万元，就可以申请。创业板叫澳洲国家证券交易所，即NSX，要求两年以上的报表，不需要获利，只要是高科技行业，有科技含量，未来前景不错，有保荐机构保荐就可以上市。亚太证券交易所也叫APX，与NSX一样，只需要两年以上的报表，不需要获利，总资产超过200万澳币，大概1200万元就可以申请上市。

5. 澳大利亚的融资金额在全世界证券交易所规模中的排名和香港差不多，有时候它第四、香港第五，有时候香港第四、它第五。

6. 澳大利亚是仅次于美国和卢森堡的全世界基金注册数第三的国家，它有非常多的机构投资者，去年一共有1.8万亿美金投资在二级市场，今年约有2.1万亿美金，因此可以融资的金额非常大。

7、澳大利亚资本市场非常灵活，目前正在推动澳大利亚一地挂牌多地上市。也就是说，在澳大利亚上市的同时可以申请美国纳斯达克交易所、英国、法国、德国的交易所同时挂牌。交易所的软件得到美国和欧盟的认可，可以实现24小时股票交易。

8. 澳大利亚证券市场交易时间与中国市场相近，只有两个小时的时差。内地企业澳大利亚上市模式，与其他海外上市模式相似，在澳大利亚上市主要有三种形式：澳大利亚红筹股，澳大利亚X股（类似香港的H股，美国的N股，新加坡的S股），及"后门上市"（back door listing）（类似借壳上市）。

2

美国上市

美国上市的条件

在美国最主要的证券交易市场有三个,纳斯达克(NASDAQ)、纽约股票交易市场(NYSE)、美国股票交易市场(AMEX)。公司只有在满足各市场对公司的要求后其股票或者是证券才能在市场上发行、交易。

一、纳斯达克(NASDAQ)

纳斯达克主要是通过公司股票的最低卖价、公司资产等来判断一家公司是否符合上市条件。纳斯达克对全国资本市场和中小型资本市场的要求是不同的。

1. 全国资本市场

a、股票的首次发行的最低价格不得低于每股5美元,在之后的交易价格需维持在每股1美元以上,以此来避免上市公司有意低价出售,从而保护纳斯达克的信誉。

b、公司的有形净资产不得低于600万美元,并且在最近一个财政年的收入不低于100万美元或者是在近三个财政年中有两个财政年的收入都超过100万美元。同时公司还需要满足公众持股量不低于110万美元,总价值不低于800万美元,拥有至少400个股东,不低于3个做市商的条件。

c、如果公司确实无法达到上述条件的话,纳斯达克会有一个替代性的衡量标准。即市场价值7500万美元或有不低于7500万美元的资产及

7500万美元的营业收入并且首次股票发行价不低于5美元一股。

d、上市公司每年需要接受审查，其财务系统每三年需要接受一次审查。

2. 中小型资本市场

a、公司有形资产不低于400万美元，或者是市场价值超过5000万美元，或者是公司在最近一个财政年中的净收入不低于75万美元，或者是公司在最近三个财政年中有两个财政年的净收入不低于75万美元。

b、公众持股量不低于100万，总价值不低于500万美元且至少有300个股东和3个做市商。

c、首次发行价不低于4美元每股，且需一直维持在4美元每股以上。

d、公司的审计同一般市场的要求。

二、纽约股票交易市场（NYSE）

1. 股权的分布和价值

公司想要在纽约股票交易市场上市的话必须有5000个股东，公众持股不得低于1亿美元或者是公司首次公开发行量不低于6000万美元。

2. 财政的要求

公司最近一个财政年的盈利额达到税前450万美元，或者是最近三个财政年的盈利总数达到税前650万美元。公众持股量为5000以上，总价值不低于1亿美元。

三、美国股票交易市场（AMEX）

1. 普通判断标准

近一年或者近三年中的两年每年的税前收入不低于75万美元，公众持股市场价值不低于300万，首次发行价不低于3美元每股，股东的普通股不低于4美元每股。公众持股量为400万，总价值不低于300万美元。

2. 特殊判断标准

公众持股市值达1500万美元，首次发行价不低于3美元每股，股东的普通股不低于4美元每股，公司须有至少3年的经营时间。

3

美国上市的方式

在美国,上市的方式主要有两种:IPO和反向并购(Reverse Merger),俗称买壳上市。

对于中等偏大的企业,比如净资产5000万元左右,或者年营业额达2亿元左右,并且净利润在1500万以上的企业可以考虑在纳斯达克全国市场发行IPO,更好的企业则可以到纽约证券交易所发行IPO。

一、美国上市的优势

首先,美国证券市场的多层次多样化可以满足不同企业的融资要求。在美国场外交易市场(OTCBB)柜台挂牌交易(这里说的交易Trading与我们说的严格意义上的上市Listing是不同的,在这里不详述)对企业没有任何要求和限制,只需要3个券商愿意为这只股票做市即可,企业可以先在OTCBB买壳交易,筹集到第一笔资金,等满足了纳斯达克的上市条件,便可以申请升级到纳斯达克上市。

其次,美国证券市场的规模是香港、新加坡乃至世界任何一个金融市场所不能比拟的。在美国上市,企业融集到的资金无疑要比其他市场要多得多。

最后,美国股市极高的换手率,市盈率;大量的游资和风险资金；股民崇尚冒险的投资意识等鲜明的特点对中国企业来说都具有相当大的吸引力。

二、美国上市的劣势

1. 中美在地域、文化、法律上的差异。很多中国企业不考虑在美国上市的原因，是因为中美两国在地域、文化、语言以及法律方面存在着巨大的差异，企业在上市过程中会遇到不少这些方面的障碍。因此，华尔街对于大多数中国企业来说，似乎显得有点遥远和陌生。

2. 企业在美国获得的认知度有限。除非是大型或者是知名的中国企业，一般的中国企业在美国资本市场可以获得的认知度相比在香港或者新加坡来说，应该是比较有限的，因此，中国的中小企业在美国可能会面临认知度不高，追捧较少的局面。但是，随着"中国概念"在美国的证券市场的越来越清晰，这种局面近年来有所改变。

3. 上市费用相对较高。如果在美国选择IPO的方式上市，费用可能会相对比较高（大约1000万到2000万元甚至更高一些，和香港相差不大），但如果选择买壳上市的方式，费用则会相对降低。

THE SAGES

第十四章
企业典范案例

企业精英的故事,演绎站在最高点的思维与格局。

THE SAGES

金博集团创始人：王金来

金博集团二维码

第十四章 企业典范案例

1

金博集团的传奇

金博投资控股集团（简称：金博集团），总部位于深圳。公司以高科技移动互联网、移动智能终端产品研发为主，是集移动电子商务平台开发、建设、经营；移动智能终端产品研发、生产、销售、服务以及移动支付平台结算、清算、服务、咨询为一体的高科技移动互联网服务集团。公司研发的移动智能终端产品荣获国家9项技术专利。

金博集团旗下设有深圳摇乾树科技开发有限公司、深圳安淘惠科技有限公司、深圳华安支付科技有限公司、贵阳众投胜商务管理有限公司、北京恒昌融资租赁有限公司、金博红森安保技术有限公司、金博红森创世体育文化有限公司、金博中稷铭洋新能源科技有限公司等多家子公司。金博集团用十余年时间打下坚实基础，目前在北京、深圳、天津、广西、山东、浙江、河北、贵州、成都、辽宁、陕西、黑龙江、山西、云南、江苏等地区设有运营中心30余家，代理商100余家，终端用户50余万。业务立足国内，辐射全球。

金博集团以新商联盟为核心，以华安支付为纽带，以安淘惠O2O新型电子商务平台为载体，以摇乾树系列产品为工具，把地面商家和安淘惠商城有机的连接起来，构成万业互联、万商互融、万物互通的完美的新商态体系。公司着眼未来、顺势而为，以"移动互联网+"

的战略思维整合商品渠道、电子商务渠道、文化体育渠道、大数据渠道、养生养老渠道、上市孵化渠道等，汇聚平台资源，全力打造一个全新的生态系统。

一、金博集团主营业务

金博集团主营业务概括为："九大业务板块、三大核心、两大重点"。

1. 九大业务板块：

（1）新商联盟：公司用十余年时间，打造了类似京东、淘宝、天猫等电商平台的新型的电子商务平台（简称：新商联盟），这个平台能够满足当今移动互联网时代企业、商家、消费者的新需求，构建了建立在移动互联网基础上的无边界的"O2O+F2C+会员制消费"的万业互联、万商互融、万物互通的新商联盟生态体系。

（2）移动支付：公司技术研发团队，经过多年努力，研发出类似快钱、支付宝、微信支付的线上线下移动互联网支付结算系统，实现了线上线下跨行业支付结算服务。

（3）新型移动智能终端：作为公司的实体产业，公司自主研发了新型的多功能智能终端——摇乾树手机。该手机除了具备一般智能手机的功能外，还具备了支付功能、赚钱功能，开启了手机赚钱的新时代！目前摇乾树第二代新款手机即将面世，在继承上一代产品强大功能的基础上，更具备了时尚的外观，突出了信息安全，融入了大数据以及活体指纹等多种高科技应用技术，可以为政府机关、部队系统、特殊行业定制安全保密级别更高，具备更多高科技新功能的智能手机。

（4）大文化：打造大文化产业，以影视剧拍摄为主，结合商业植入、衍生品开发、文化艺术品交易、网络直播以及安防、体育、网红等业务，构成文化产业闭环的生态体系。金博集团全资投拍的百集大型文献纪录片《毛泽东》，已于8月1日在京召开新闻发布会，该纪录片由中央电视台和八一电影制片厂负责摄制，目前正在启动；与珠江电影制片厂合拍的反映公安消防战士事迹的电视连续剧《火红的青春》也已启动；后续还有三部影视剧正在进行前期筹备，不久将会陆续启动。

（5）大健康：打造大健康产业，发展素食产业和素食文化，开发真正无公害、绿色、有机产品，开发"全素民族品牌汉堡"，研发真正有效的健康、保健类的产品和服务。

（6）大数据：成立大数据研发中心，以应用需求为导向，对大数据进行深度分析、挖掘和应用，集中攻克大数据关键技术，集聚丰富数据资源，发展大数据服务业务。建设大数据研发中心，开发大数据的交互、整合、交换、交易平台，实现大数据产品交易、大数据金融衍生数据的设计及相关服务。

（7）大金融：成立私募基金、公募基金，开展融资租赁、投资担保、保险理财、上市孵化等业务，发挥金融的保障作用，确保集团业务稳定、持续的发展。

（8）大农业：集团公司的核心业务和技术优势服务三农，调动平台资源，广泛应用现代科学技术、现代工业提供的生产资料和科学管理方法，为发展社会化农业，解决农民增收、农业发展、农村稳定的问题做出贡献。

（9）新能源：发展新能源汽车是我国从汽车大国迈向汽车强国的必由之路。公司自主研发、生产、销售的新型纯电动汽车分为高速汽车和低速汽车，目前具有十几种车型，荣获国家20余项技术专利。

2. 三大核心

（1）实体产业：移动终端产品和新能源电动车的研发生产和销售，是公司的实体产业，是公司发展的基础；

（2）移动互联网：保证公司发展的速度；

（3）金融板块：为公司发展提供源动力。

3. 两大重点：

（1）打造属于中华民族的多功能智能手机第一品牌；

（2）打造属于中华民族的移动互联网新型电子商务第一平台。

二、金博集团发展战略规划：三个阶段，三步走

第一阶段：基础年，打基础，时间10年，已经完成，为公司发展奠定了坚实的基础；

第二阶段：发展年，铺终端，时间2年，正在进行，布局全国市场，铺设百万终端用户；

第三阶段：腾飞年，上规模，时间3年，未来规划，打造上市公司集群，进行资本运作。

三、金博集团发展三大目标

1. 打造百万用户的新商联盟平台；

2. 打造千亿市值的移动互联网公司；

3. 打造万亿规模的跨国移动支付集团。

四、金博集团三大使命

1. 成立养老基金，在全国建设30个健康养生养老中心，让孤寡老人能够安度晚年；

2. 成立希望基金，在全国建设300家希望学校，让贫困家庭的孩子能够上得起学；

3. 成立创业基金，帮助300万个青年实现创业的梦想，让草根的创业不再艰难。

THE SAGES

白吃网创始人：陆伟

白吃网二维码

2

白吃网——大师的作品

白吃网成立于2014年2月,是台湾商业风云人物、被公认为"企划大师"的陆伟创立的。陆伟先生在过去10多年来一直协助辅导国内的企业赴美上市,发现这近20年来赴美上市国内企业中以互联网项目受到国际投资者的追捧,互联网的价值不仅限于财报中的盈利,更大的价值便是来自大数据,国内庞大近10亿的网民在线使用量,使得中国互联网相关项目企业上市题材让全世界的投资家们趋之若鹜,于是陆伟凭借自身在海外上市的专业与经验及过往企划成功多个项目优势,创办了白吃网。

白吃网除了是国内一家嫁接各城市餐饮企业与消费者之间的O2O互联网电子商务平台外,它也将传统团购网打折扣的优惠转化成了白吃网会员免单的方式,其价值在于"白吃"(所谓白吃是指白吃网提供的"N免一"免单方式)这个全新的概念。最终形成消费者、商家、白吃网三方共赢。

随着市场的变化,陆伟发现网民已不再满足过往文字图片的讯息交流,而互联网上的视频和直播的信息传播的交流平台将是未来的主流,而网民最活跃的时间是下午六点到次日九点,白吃网应更加关注于用户需求的变化,对用户需求进行深度挖掘,打造更加方便、简洁和娱乐性的产品：吃货对对碰社交视频网站，吃货对对碰游戏手游APP，吃货对对碰电影，另又开发了直播平台"深夜小館"，且其目标用户也从全国延伸至全球化。白吃网也从一个互联网电子商务平台逾越成一个多元化服务平台。

经过两年的不断改进，2016年3月白吃网在美国内华达州设立的BCW GROUP HOLDING，INC在OTC-Markets成功上市（交易代码：BCWG）。在关注用户的同时，白吃网坚持走自己的路，不断加强自身技术力量，与国内多所高校科研合作，不断寻求技术突破，2017年更被认定为高新科技企业。

今后白吃网更加注重"+互联网+"，优化自身技术与服务，为网民提供一个美食、娱乐、购物、社交、影视、直播集一体的综合性服务平台。

THE SAGES

海乐康创始人：刘同任

海乐康二维码

| 第十四章 | 企业典范案例

3
大健康产业的实践者——海乐康

  香港海乐康国际集团投资有限公司是一家国际性的集投资、研发和生产为一体的集团企业。下设的海乐康（南京）保健食品有限公司，1996年建厂至今已有二十年载了，经历了时间的考验、行业的锤炼，大浪淘沙，适者生存，经过风雨，经历坎坷的海乐康人，面对未来更加自信，汹涌澎湃。2016年两会政府报告中，未来我国医疗卫生健康产业发展重点将从治疗为主转为预防为主，以传染病预防为主转变为以慢性病预防为主。未来中国将会成为全球健康产业的最大市场，未来最赚钱的几大行业中，"大健康产业"名列榜首。

  "健康中国"首次写进政府工作报告，"推健康产业新政，撬动8万亿市场"，"健康是群众的基本需求，我们要不断提高医疗卫生水平，打造健康中国"。创新是海乐康的灵魂，海乐康人在不断的创新中成长，通过二十年的发展，总结了很多宝贵的经验，今天在这大好的形势下，要"大展宏图"了。

  海乐康公司被全国科技人才培养工程管理中心和全国科技人才培养工程卫生保健养生新医学工作委员会授权设立了"海乐康5D健康管理培训中心"，同时又设立了中国健康大学工作委员会海乐康糖尿病研究院，是中国健康大学的副校长机构，在管理中心的领导下，公司积极开展工作，并得到了一些成绩。公司一直致力于大健康产业的研究和探索。

谈到养生，就要谈到中国的传统文化，追根溯源"道家养生"才是真正的源泉。集团公司联合玄道养生国际研究院及玄道养生（香港）生物科技集团公司，在道家的一代宗师玄鹤子指导下开发出一套"扶正康体"计划，针对"现代生活方式疾病"（四高、八大类代谢综合症）调理效果显著，有效率100%，已有数万人受益，公司正在全力推广中……利国、利民、利己，造福人类、造福子孙后代的事，我们要大胆地去做。

海乐康5D健康管理养生堂是全体海乐康人解放思想、大胆创新、独自打造的一个全新的、领先行业的、全方位的全球连锁品牌。目前在全国已拥有200多家"5D养生堂"连锁店。我们是健康使者，我们要捍卫生命，我们要用爱心去帮助别人，让更多的人远离疾病。

"海乐康5D健康管理养生堂"，要在全球打造一个"爱心养生堂"，把她当做"公益事业"推向全球。通过"免费检测"、"免费体检"、"免费理疗"的"三免"公益行动，让您轻松、愉快、自由地走进"海乐康5D健康养生堂"，来享受海乐康5D的免费服务。

人们需要健康，需要保健，更需要一种全方位的呵护，全方位的关爱，那就是"海乐康5D健康管理"，健康是需要管理的，汽车5000～10000公里需要保养，机械设备需要定期检查、检测与维修，连房屋也要经常打扫，那生命如此珍贵，今生今世生命只有一次，为何就没有管理，从未保养过呢？

海乐康集团打造的"5D"，这个全新的、唯一的、独创的"5D概念"，就是让人们通过"海乐康5D健康管理养生堂"这个平台，来重新"认识生命"，知道生命的价值及可贵，通过"声、光、电、磁、热、水及食物"等，让生命得到全方位的呵护，全方位的保健，让你远离疾病，让你摆脱亚健康。

海乐康人群策群力，与时俱进，准备在未来的5年内，在全球打造10000家"海乐康5D健康管理养生堂"连锁店。海乐康健康使者"智能机器人"将走进"海乐康5D健康管理养生堂"。机器人体检：测血压、血糖、血脂，量体温等等，通过声波、电波、光波、磁波、热疗，让体验者享受"全方位的免费调理"。

公司将整合社会资源，与政府合作，计划从2018年开始，在各省、直辖市逐步开设建立"海乐康5D健康管理康复院",又称作为:"海乐康之家度假养老中心"。让海乐康家人,海乐康股东们,老有所依、老有所去,欢度晚年美好时光!

海乐康集团有一个梦想和一个愿景:**我们希望通过自己的努力实现"产业报国"的心愿,希望做一个值得信赖并受人尊重的"基业长青"的企业。**通过"玄道养生——5D健康管理"这个独创的全新理念的"大平台"让您保持健康,更加美丽;生活轻松快乐,更加幸福!

海乐康走过了20个年头,经历了风雨的考验;"得消费者心,得市场"。一路走来,得益于改革开放的大环境;也得益于我们一直在实践中潜心学习和总结。还有一点也至关重要,就是我们始终在不断提高自己追求的目标。成功是我们共同的梦想,愿景是我们共同的志向。但实现愿景,绝不是一朝一夕的事,我们需要准备付出艰辛的努力。制造卓越企业,打造卓越团队,我们在无止境的探索和追求。海乐康在实现愿景的征程上,能为所有的合作伙伴搭建出没有天花板的舞台,让大家尽展才华,实现梦想,为中国和世界经济的发展做出应有的贡献!

THE SAGES

湿毛巾鼻祖：戴裕强

湿毛巾二维码

4

湿毛巾鼻祖——文学和实业的结晶

1989年前,我是愤青,是文学青年,文学带给我理想和梦想,也带给我迷茫和痛苦。我们最金色的年华,最渴望知识的岁月,被"文革"糟蹋,以至于当我们立在社会风口,不知道脚下的路在何方?写作,不是为了宣泄缥缈的情绪,而是希望清晰心灵需求,找到人生价值,感知社会方向。那个时代太混沌,整个社会没有标杆价值观。什么行为是对的?什么意识是对的?什么主义是对的?已经没有现实证明,没有人给你解答,没有理论可以帮你作信服的诠释。我看了当初所能看到的众多世界文学名著,从形式上、结构上、表现手法上,渴望从大师那里学到点石成金的技巧,来成就自己文学名人的美梦。但现实空白泛滥,不可能让你有定力坚持一个方向,于是读哲学、经济学;看心理学、美学、伦理学、行为学;读亚里士多德、苏格拉底、康德、休谟、狄德罗、罗素、尼采等著作;学历史、通史、社会史;看孔子、孟子、老子、管子、荀子等。越看越糊涂,越看越偏执,越看越看不清心灵的归宿。

1989年后,我是商人,是实业家,闯荡过大半个中国,最后做了世界上最不起眼的小生意:餐桌上"一次性使用"的湿毛巾。由此,因为是全中国最早做此产品,也成就自己"湿毛巾的鼻祖","上海独一实业有限公司"的品牌,在全国同行中有着不可替代的影响力。

第十四章 企业典范案例

回首自己文学和实业的历程,我觉得两者有太大的一致性:文学是通过展示社会和人文现象,达到认识社会,促进社会进步的目的;实业是通过利润最大化,改善民生经济生活,让大众"仓禀实而知礼节"来升华社会文明,完成社会进步。对于推进社会发展,两者"表现手法"不一样,殊途同归。

有文学的洗礼,我一直走在学习的路上,总是在思考:怎么做得与众不同,有独创性?怎么站在行业的最高点?现在是"互联网+"的时代,我们的行业怎么站在趋势和风口上?思考,会带来蜕变。独一品牌的湿巾,现在每年发行量有近五千万包,我们是否可以在湿巾上增加附加值?怎么实行互联网"免费"和"共享"的理念?经过一年的打造,我们在湿巾包装袋印上了"口未"平台的二维码,在服务餐饮客户的同时,把湿巾打造成互联网入口和湿巾媒体。计划在两年内,让湿巾在全国实现"免费使用",攻城掠地,覆盖全国一二线城市。以独一公司五千万包发行量推及全国,全国每年湿巾的发行量不低于10亿份。

湿巾是一个小行业,每一个小行业做大需要决策者眼界,眼界需要决策者心里有方向,方向需要决策者"站在最高点"、"一览众山小"的宽阔胸襟。我们都是渺小的凡人,梦想把我们撑大。当今的时代,你什么都可以想,只要你心灵满怀正能量,世界就会因你而精彩。

不要放弃,万一是真的呢?

上海独一实业有限公司
上海抢吃啦信息科技有限公司董事长
戴裕强

THE SAGES

NAGA CITY创始人:郑博文

NAGA CITY二维码

第十四章 企业典范案例

5

讯众集团构建明日之城——NAGA CITY

苹果的成功,让人们看到了微笑曲线的价值——产品的附加值并非在产业链上均匀分布,而是集中在产品创新和市场营销这两端,企业只集中资源在高附加值环节上运营与创新。这意味着企业不再是一个独立王国,彼得·德鲁克曾说"任何企业中仅做后台支持而不创造核心价值的工作都应该外包出去",这便是当今世界的变革。讯众集团正是依托这样的力量助推从OFFICE商务联播网媒体平台、广告策划运营平台快速发展成为国际品牌全案平台、大型文艺演出、大型活动策划运营平台、文化旅游地产策划运营平台、金融服务平台的综合服务型集团企业。讯众集团拥有多项国内自主知识版权、专利,是2013~2015年博鳌亚洲论坛媒体运营方之一,于2016年5月9日登陆澳大利亚国家证券交易所(NSX),成为了资本市场的一颗新星。现如今中国面临着实体经济下行压力以及复苏放缓的双重考验,中国的经济体面临着前所未有的危机。在此经济环境下讯众集团作为一家服务型企业,是如何构建独特的商业模式,从而力挽狂澜实现持续的收益与成长?

进化的CP2C4.0生态闭环模式

在21世纪的今天,随着物质文明的发展,人们已经逐步从物质需求转向精神需求,而这一需求已经变得迫不及待,一个新事物的涌现大都依赖于一定数量的个体、一个群体、一个集体或是更多，因为数量能够带来本质性的差异，而这个差异却拥有着足以震动整个市场的力量。如果说讯众集团所提出的传统CP2C（customer planning to customer）是为了解决消费者物质购买的一个众筹营销手段的话，那么如今CP2C4.0(customer psychological needs to customer）已经进化为一个能够满足消费者心理需求亦是核心需求的生态闭环模式，而NAGA CITY便是CP2C4.0的创造者也是最好的应用者。

  明日之城——NAGA CITY是讯众集团发起打造的一个具有国际范的集装箱创意文化商业组合空间，是座拥有爱、光明、未来、智慧、尊贵的魔方世界。所谓魔方世界皆因其因人而异变化无穷，它以文化为核心，以智慧、科技、环保为变量，衍生出创意无穷的商业、旅游、演绎、餐饮、住宿等业态组合空间，为人们建造属于他们期盼已久的明日之城。为合作群体提供私人订制化落地运营。NAGA CITY的伟大不仅仅在于物质的变革而是在于其未来不可限量的想象空间，它或将引爆全球。

  简单来讲NAGA CITY是一个具象的综合服务平台，从消费者的心理需求发起并还原服务于消费者的平台。这个平台包含但不限于B2B、B2C、C2C、C2B2C、O2O等，因为它是一个开放的平台，它融合了一切可融合的工具，无论是互联网亦或是实体。它也是一个高效的供应链服务平台，既可服务于上游的政府与企业，亦可服务下游的企业与消费者形成一个生态的循环闭环。如何打造这样的生态闭环？如何满足消费者的心理需求？答案是资源整合与重塑！讯众集团整合现有资源，组建专业的开发和服务机构，以"运营平台＋金融平台"的方式搭建完全开放式的NAGA CITY，联合多家知名媒介、地产、智能及科技产品服务商；整合出泛娱乐、媒体交互、互联网智能科技、品牌商业运营、智能环保、地产开发、产业孵化器、金融平台等板块，通过同话、同好、同创、同享、同在的五同运营理念，引导互联网搭建线上线下忠实的粉丝聚落，从思想源头打造了多达百余种创新业态服务于消费者及忠实粉丝，建立具有影响力的国际品牌。由于NAGA CITY采用的是集装箱模块化房屋技术，其最大优势为建设周期短、搭建灵动性强、可塑创意性强、高强度，结构稳定，具有很强的抗震抗压性，使用寿命长达20年以上，投资回报比高，预计单座NAGA CITY的年增长可达30%以上，这便是NAGA CITY受资本青睐的魅力之一。

讯众集团作为项目发起方，是以文化创意、泛娱乐为核心价值的企业，拥有NAGA CITY的版权以及NAGA CITY项目的管理运营权。讯众集团将核心价值植入NAGA CITY，负责全球NAGA CITY的核心文化升级、品牌维护及推广、活动策划运营及执行、演出演绎植入、广告媒介管理与销售以及NAGA CITY项目管理，预计单座NAGA CITY的运营将给讯众集团创造年化25%以上的收益增幅。未来5年中国将有超过45座NAGA CITY落户中国的各大城市，10座境外NAGA CITY将携带着中国文化覆盖一带一路之上。

21世纪是属于中国人的世纪，中国正在从中国制造转为中国创造，NAGA CITY便是中国创造的其中之一，NAGA CITY不会驻足于此只会继续前行。雄关漫道真如铁，而今迈步从头越！它将伴随着每一代人变自生变！这便是他的核心！

我们是您撬动一切的那个支点
——郑博文

THE SAGES

中科联房-家联网创始人:张健康

中科联房-家联网二维码

6

无锁孔智能防盗门的先驱——中科联房-家联网

张健康又名张喜来,1993年读大学期间创办一家小型冰箱保护器工厂。毕业后从事教育工作,之后下海经商,在义乌倒过小商品,开过酒店,生产过摩托车配件等。2001年只身前往上海创业,刚开始蹬三轮送货,后来通过15年的艰辛打拼淘到自己人生中的第一桶金,由于意识到传统行业举步维艰随即转型,投身于智能家居行业,创办了中科御嘉(北京)科技有限公司和中科联房(北京)科技有限公司。

中科御嘉(北京)科技有限公司和中科联房(北京)科技有限公司设立于中国科学院中科资源大厦,是中国科学院战略合作单位,是专业从事智能家居并拥有多项国家专利及自主知识产权的高新科技企业。发明人连续4年荣获中国十大创新人物称号,并于2013年随习主席参加了印尼巴厘岛APEC会议,2015年荣获"中国民族品牌创新人物"。

其主打产品"中科御嘉"牌无锁孔智能安全防盗门,门体表面采用整块钢板无锁孔设计。本公司是行业内首家推出"无锁孔网络智能门"的企业。产品通过了国家安全防范报警系统产品质量监督检验中心和公安部安全与警用电子产品质量检测中心检验。被国家安防产品质量监督管理中心荣选为"中国著名品牌"、"全国安防十大畅销品牌"及"国家权威检测·质量合格产品",并荣登2011年度央视宣传上榜品牌,

2015年入选为国防军工配套产品。产品通过ISO9001国际质量体系认证、ISO14001环境管理体系认证、CE认证。

我们坚持以高品质为核心，以品牌建设为理念；以设计、研发、创新为先导；以市场拓展为驱动，实现企业的快速发展。致力成为家庭安全、智能、便捷、时尚、美好生活空间的缔造者。

致力成为世界同行业最具竞争力的现代化高科技企业——打造安全、便捷、时尚、共赢、利民的一流产品；聚志同道合之士，擎利国利民之业（聚志同道合之士，不离不弃，干一件一生也干不完的利国利民之伟业）。

创造更安全居家环境、引领智能时尚生活、倡导便捷消费模式、实现人类健康梦想。

随着国家"十二五"发展计划的发布，智能家居已成国家九大重点领域应用示范工程，这是整个智能家居行业，及其相关附属行业的曙光。智能家居的被接受、认可，注定了其在国内的家电、电子、物联网等多个行业产生新的热潮。

国内智能家居业的发展日新月异，已具国际竞争力。事实证明智能市场的潜力是智能安防而非智能家电，智能安防在智能市场的地位是刚需，而智能家电是生活方式的一种改变及提升。

由于人们对财产安全的关切，用户对智能设备的安全级别以及安全系数最为重视。有数据表明，欧美电子门锁占民用的50%，韩国智能门锁的普及率达80%，而我国家庭智能门锁的普及率不足2%，这充分说明了智能门锁拥有巨大的市场潜力，由此国际知名企业加快抢夺智能市场，如德国系的德施曼、美国系的耶鲁、韩国系的三星等加快了抢占中国智能锁市场的步伐，而他们研究的智能产品单锁的价格在3000～10000元之间。普遍认为投资市场前景一片光明，而据市场调查智能锁的更换期5～8年。

智能锁的产业爆发还需要攻破三大难关：品控关、渠道关、服务关。而我公司经过七年的研发和试运营的过程中获得了丰富的经验和解决方案，我公司已打破了传统的"有门必有锁，有锁必有孔"的几千年的历史。公司致力于供应链的质量和线下服务链的体系的建立，打造牢固的根基并已获得一定品牌溢价和家庭用户的信任同时延伸到了其他智能家居领域。中科御嘉牌智能门势必会突破智能家居的壁垒担当起打造家庭物联网时代的重任。

2016年出台的《中共中央国务院关于进一步加强城市规划建设管理工作的若干意见》提出"原则上不再建设封闭式住宅小区"。

随着这一政策的提出：在未来的家园会有很多小区没有围墙，这样我们的无锁孔智能安全防盗门将担负起家庭安全的重任。中科御嘉产品将是智能安防带动智能家居的纽带，从而彻底改变人们的消费方式与生活方式。

THE SAGES

牛大少创始人：张恩瑜

牛大少二维码

第十四章 企业典范案例

7

温暖美味香天下·人间极品牛大少

"不怕食客口味刁,就怕餐饮人想不到",牛大少剑走偏锋,为北京餐饮市场又增加一道创新美食——牛蹄筋锅。牛蹄筋向来为筵席上品,食用历史悠久,它口感淡嫩不腻,质地犹如海参,故有俗语说:"牛蹄筋,味道赛过参。"常见的吃法有牛蹄筋熬汤、烧蹄筋、烩蹄筋。牛蹄筋锅是创始人张恩瑜亲自研发的新品类。

蓝海中的牛蹄筋锅　温暖的健康告白

牛蹄筋常吃,但是牛蹄筋锅却很少见。创始人张恩瑜,喜欢创新产品。当年他创立靓健回转火锅,一推出就受到年轻人的追捧。而今,张恩瑜认为火锅品类已经是红海,但"牛蹄筋锅"却还是蓝海。所以,他聚焦到牛大少·牛蹄筋锅——无敌香辣牛蹄筋、酱开心牛蹄筋两款热气氤氲的牛蹄筋锅,给冬

季带来温暖的感觉。除了牛蹄筋锅，还有麻辣青春牛肚锅、咖喱牛肉共和锅、番茄牛腩锅、傲娇的红烧牛尾锅，照顾到了食客们的口味差异。

口味好还不能使张恩瑜对产品满意，他也明白只靠口味不能满足食客挑剔的"胃口"。如果要是有一种让人看了就有吃它的体现形式就好了，于是张恩瑜想到将烹制食材放在高温加热的石锅中，汤汁不断地吐着泡泡，紧贴锅边的汤汁还发出"呲呲"的声音，感觉都要溅出来似的，因为有石锅的保温也不断冒着热。"看得见的温暖，吃得到的美味、闻得到的香气"，石锅给人带来不一样的感观体验。张恩瑜自信满满地说："牛蹄筋锅既不是火锅，也不是石锅拌饭，这种汤汁满溢的石锅是我慢慢地琢磨出来的。"

牛大少明档操作，在透明的玻璃空间里，厨师们忙忙碌碌的身影让人想起老话"人勤一世千川绿，牛奋四蹄万顷黄"。曾经我们对牛的印象是既勤劳又有劲。忠厚、无私、执著、果敢、坚韧，这些都是牛身上的宝贵品质，而在"牛大少·牛蹄筋锅"的员工身上看到了这些品质。

牛大少对产品相当苛求，不论是原材料、选址，还是餐厅设计都极具用心。

食材来自山东鲁西，鲁西的黄牛在国内首屈一指，黄牛的牛蹄筋也是牛蹄筋中的佳品。

餐厅的设计沿用了牛大少形象牛的精神。说起牛的精神，可能大家都会认为是勤恳、大块头、力大无穷、忠厚。但是,牛大少做的并不止这些,它也有温柔、踏实的一面,餐厅里萌萌的形象雕塑,是争相拍照的焦点;黑板墙的精心设计,记录着牛大少的细心、温柔;金属反衬着灯影,色彩搭配着材质,这样的餐饮环境好不醉人!牛大少的首家店就选址在北京西单。随着近年租金的飙升,很多餐厅都退出西单这样的核心商圈。但是,牛大少却不畏高成本,在北京核心商圈做商超店,也是对产品的信心。

爆款的"无敌香辣牛蹄筋",因其低脂肪、零胆固醇,富含胶原蛋白,备受女性食客喜爱。牛蹄筋是牛的脚掌部位的块状的筋腱,就像拳头一样,而不是长条的筋腱,长条的筋腱是牛腿上的牛大筋。牛蹄筋不仅口感好,有强筋壮骨的功效,还能增强细胞生理代谢,使皮肤富有弹性、韧性、延缓皮肤衰老等,是备受年轻人群追捧的上好美食。

案例手记

如何才能品类创新,做到"独一份",一直是餐饮人思考的焦点。牛大少·牛蹄筋锅做到了,品类创新,实属不易。面对餐饮行业的"跟风现象",牛大少坦然无惧,好食材、好味道、好创意,是值得大家共享的美食。

THE SAGES

中酒红客创始人：米健

中酒红客二维码

第十四章 企业典范案例

8

谁制造了下一个风口？中酒红客

2016年，中国完税商品、制造商、生产商、互联网行业处于国家经济发展的重要时期，经过3年多时间的准备，由创始人发起的"中酒红客"落地在美丽的世界互联网故乡浙江杭州，以产品设计、研发、生产及商业运营为战略方式，兼顾为中国进出口贸易商、生产商、互联网企业提供完整的、具有成果的产品经营方案，实现去库存化及去中间化的商业模式。

是谁制造了下一个风口？

2017年"中酒红客"，是以合作发展的理念和倡议，在一个周期内，按照既定顺序，在一个很小的区域，面对23个行业的几十万家企业，面对万亿级的选择，中酒股份制造了下一个风口，它是依靠中国企业发展现状和国家战略既有的单双多方机制，借助中国社会经济转型的时代机遇，旨在借用"中酒红客"的品牌符号，主动承担策划商的角色，遵守共生法则，树起共同发展的旗帜，主动地发展与包括供需企业的经济业务战略合作伙伴关系。

谁是真正意义上的经济战略合作伙伴关系？

优秀的合作伙伴对于任何企业来说都是一项重要的资产，作为策划商的中酒红客，不仅可以帮助企业在困难时期节约大量的资源用于企业全案彻底的解决产品销售，同时还能帮助企业提升商品的功能，增强商品销售的融资功能，保证企业生产的资金链不再依赖于资本方。在现代市场经济中，商业模式演变日新月异，任何一家企业没有能力也没有必要把所有的商业运营都掌握在自己的企业中，因此，企业的产品销售必然要借助其他企业的策划能力，企业和策划商就能在各自所擅长的领域中为其战略合作伙伴提供战略性的策划方面的支持和帮助，使企业和策划商都可以在生产能力和商品销售方面有所提高，中酒红客进而成为众多企业的经济战略合作伙伴关系。

中酒红客生态运行体系：

"中酒红客"生态运行系统是链接中国供应链体系与中国经济转型之间的桥梁；"中酒红客"是中国经济高速发展时期与传统制造业平衡衔接的符号，它的诞生，将证明共同建设人类互信、经济信息融合、文化环境包容的利益共同体、命运共同体和责任共同体的真实意义。

坚持共赢融合是"中酒红客"经营不断探索与追求的态度；

跨界经营与大数据应用将"中酒红客"推向资本经营的行列；

计算经济与外智慧经济是社会发展史与人类进化过程中永恒的主题，"中酒红客"将肩负企业使命，有序发展，共同拥抱美好的未来。

中酒红客的资本之路：

中酒红客作为一家轻资产公司，人员配置除了精炼的少数高管以外，就是严格规范的财务团队；坚定的、科学的高增长发展战略时下已经是一呼百应；持续增长的盈利模式说明进入资本行列是势在必行不可阻挡的趋势；借用帮助第三方行业快速获利及中酒红客的高成长性是外界不可复制的法宝；智慧与大数据相结合将给中酒红客安装持续澎湃的引擎，我们诚挚邀请职业的、专业的资本方理性介入，明天的中国乃至世界上又多了一个超级金融帝国。为社会、为投资者、为人类进化贡献出无限的企业价值，中酒红客期待智者未来一起走。

THE SAGES

陕西远望达创始人：唐华初

陕西远望达二维码

9

陕西远望达——大西北创投孵化的先行者

　　陕西远望达创业投资集团（以下简称远望达），是由多名行业资深人士策划并管理，为高新技术、高成长性企业（项目）提供创业发展研究、投资管理、融资和企业管理咨询的创业投资机构。公司成立于2012年3月，注册资本3000万元，经营范围包括创业投资业务、代理其他创业投资企业等机构或个人的创业投资业务、创业投资咨询业务、为创业企业提供创业管理服务业务、参与设立创业投资企业与创业投资管理顾问机构。

　　远望达作为世界杰出华商协会会长单位、中国金融管理协会副会长单位、中国投资规划研究会副会长单位，中国以色列商会精英赞助商，中国最值得信赖的金融服务机构，中国金融品牌影响力30强，中国管理科学研究院商业模式研究所理事会常任理事单位，在复杂多变的经济形势下，创新缔造中国金融行业第一的"可控、可行、可久、可乐、可退"的"五可"投资原则，以其"合法性、安全性、盈利性、持久性"独占鳌头，并形成了"投融资板块、实体板块、互联网金融板块、文化传媒板块、基金板块、进出口贸易"等六大产业并成功孵化出40余家分、子公司。

　　集团主要投资方向为"两高六新"（"两高"：成长性高、科技含量高；"六新"：新经济、新服务、新农业、新材料、新能源、新商业模式）。

远望达在坚持两高六新投资方向的同时，还将执行五可投资原则：

可控原则：对项目的绝对控股，是远望达对外投资的首要条件；

可行原则：再好的项目，必须有可以执行的良好团队，才有投资价值；

可久原则：在可控、可行原则下，投资于具有长期持续投资价值的项目；

可乐原则：对项目方的团队领导进行严格的调研考察，能够愉快合作的团队领导，是项目顺利实施的必备条件。

可退原则：投资前就设定退出机制，为未来退出项目做好准备。

远望达近期以高科技生态农业项目为重点，旗下分公司陕西比盈生态产业有限责任公司，建设3万亩高效核桃基地。同时积极挖掘其他优秀投资项目，高效复合肥、生态旅游、珍食会所等项目也在孵化中。

远望达将本着"以人为本"的经营哲学，建立高效的组织系统和良好的激励与约束机制，并致力于形成员工职业生涯发展与公司整体战略发展一致的企业文化。公司按照"运作规范化、管理信息化、经营规模化、发展国际化"的经营方针，紧随国际国内风险投资的"风向标"，力求为创业企业提供高效优质的增值服务，稳健、踏实地走出一条具有西部地区人文环境、投资理念及市场营销特色的发展道路，为公司实现长期、稳定、健康的发展奠定坚实基础。

后 记

资本经营之道并不简单扼要，在我个人看来，资本经营的成功跟年龄没有关系。乔治·萧伯纳（George Bernard Shaw）这样说道："人的智慧跟经验不成比例，但是跟人掌握经验的能力成正比。"

我在书中并没有详细说明投资的对照表，真正在资本经营成功的各类专家也没有固定的模式，但是这些成功者会经常看图表，他们把这些图表当成过去资产价格轨迹的路线图。他们认为决定买卖时机时，支撑与压力水平是值得考虑。在做资本经营时不能太懒——有些人确实太懒，他们不肯做B to B（Back to Basics回到基本面）的研究，他们相信技术分析的预测价值，许多顶尖的专家虽然认为技术分析不值一提，但他们也承认必须了解技术分析模式，因为这些东西会影响行为与价格。

而且我也认为，做为一名称职的资本经营者，必须喜欢知识性的竞争，并从中得到启示与鼓励，进而能够应对压力和逆境。

资本经营需要知识、耐心与勇气，它不适合柔弱无力的人，也不适合在知识的学习上懒散的人。贪婪和心术不正的人也终究不会成功。

在资本经营的过程中有可能消磨掉你的心态，当你觉得心力交瘁、极度疲劳之际，想一想上面这段话，或许对你有所帮助。

你必须真正爱上这门艺术，并且沉迷其中。

后记

请你用一双慧眼,
穿过岁月的红尘,
去寻觅那灿烂的星星。
请你用一颗坚定的心,
越过荆棘丛生的生活,
去触摸未来的辉煌。
总之,不要向命运低头,
不要向失败低头,
站在最高点,
一定会看到成功的彼岸!

范文议

2017.4.18